Cogito ergo bum

und 49 weitere Beweise für die Unausweichlichkeit des Scheiterns

W0314054

Mathias Bröckers

Cogito ergo bum

und 49 weitere Beweise für die Unausweichlichkeit des Scheiterns

Westend Verlag

Mathias Bröckers war Redakteur der *taz*, Kolumnist der *ZEIT* und der *WOCHE* und veröffentlichte zahlreiche Bücher. Seine Werke *Die Wiederentdeckung der Nutzpflanze Hanf* (1993) und *Verschwörungen, Verschwörungstheorien und die Geheimnisse des 11.9.* (2002) wurden internationale Bestseller. Daneben und immer wieder ist Bröckers auch selber vielfach gescheitert, allerdings ohne sich davon die Laune nachhaltig verderben zu lassen.

Die Deutsche Bibliothek verzeichnet diese Publikation in der Deutschen Nationalbibliografie. Detaillierte bibliografische Daten sind im Internet über http://dnb.ddb.de abrufbar.
ISBN 978-3-938060-17-9

Das Werk einschließlich aller seiner Teile ist urheberrechtlich geschützt. Jede Verwertung ist ohne Zustimmung des Verlags unzulässig. Das gilt insbesondere für Vervielfältigungen, Übersetzungen, Mikroverfilmungen und die Einspeicherung und Verarbeitung in elektronischen Systemen.
Copyright © 2007 Westend Verlag, Frankfurt/Main
Satz: Publikations Atelier, Dreieich
Druck: Clausen & Bosse, Leck
Printed in Germany

Inhalt

Vorwort 13

1. Nach dem Scheitern – »The essence of life is Composting your own shit« 17

2. Homo stultus – das Mängelwesen Mensch und seine göttlichen Eingebungen 20

3. Patridiotismus – wie das Reptilienhirn die domestizierten Primaten immer wieder scheitern lässt 23

4. Operation Münchhausen – warum es Hühnern nur in den seltensten Fällen gelingt, sich zu Adlern aufzuschwingen 27

5. Wenn Scheitern keine Option ist, sorgt diese Realitätsblindheit für fürchterliche Desaster 30

6. Die Abschaffung des Sonnenuntergangs – wie falsche Begriffe zu falschem Denken führen 33

7. Ich denke, also passiert's – vom Scheitern in einem beobachtererzeugten Universum 36

8. »Wahrheit ist die Erfindung eines Lügners« – über das Scheitern objektiver Erkenntnis 40

9. Der Backster-Effekt – das Scheitern objektiver Wissenschaft 43

10. Höllenmaschinen des Scheiterns – wie der Ingenieur Edward Murphy ein universelles Naturgesetz entdeckte . . 47

11. Weiße Elefanten – das Scheitern technischer Großprojekte 50

12. Irren ist menschlich – aber wenn irgendetwas richtig daneben gehen soll, braucht es schon einen Computer . . . 53

13. Das Scheitern der Statistik – auf statistische Monokulturen ist keinerlei Verlass 60

14. Sisyphos im Schwarzen Loch – wie St. Murphy als Schutzpatron des Scheiterns für Fortschritt sorgt 63

15. Bye-bye, Big Bang – schon beim Urknall ging alles schief 66

16. Fertig machen zum Beamen! Einsteins Scheitern blieb relativ unbemerkt 69

17. Stephen W. Hawking – scheitern auf genialem Niveau ...73

18. Willkommen im Kaputtalismus – wenn das Scheitern industriell vorprogrammiert wird 77

19. Die Narco-Ökonomie – warum Prohibition profitabel ist und der »Krieg gegen Drogen« scheitert 80

20. Reefer Madness revisted – das Scheitern der Hanf-Prohibition 87

21. Rausch, der vierte Trieb – warum Nüchternheitsapostel nur scheitern können 93

22. In Zukunft Feudalismus – warum die Schere zwischen Arm und Reich niemals schließt 96

23. Der »Bankraub« des Jahrhunderts und wie seine Aufklärung scheiterte 100

24. Die Heimtücke der Haushaltsleiter – warum die Angst vor dem Terrorismus vergleichsweise lächerlich ist 106

25. Schlagen Sie Ihre Frau noch? Das Scheitern einer Sonderbefragung muslimischer Einbürgerungswilliger ..109

26. »Ana raicha Al Qaeda« – die gescheiterte Namensgebung einer Terrorbande 113

27. Kreuzritter ohne Pferd und Tadel – über einen gescheiterten Hippophobiker mit Messias-Komplex 116

28. Das Scheitern der Medien – warum die »vierte Säule« der Demokratie völlig ruiniert ist 121

29. Alles unter Kontrolle! Zwei Überwachungsstaaten auf deutschem Boden sind bereits gescheitert – am dritten wird noch gearbeitet 125

30. Nikola Tesla – wäre der »größte Erfinder aller Zeiten« nicht gescheitert, hätte uns Hiroshima erspart bleiben können 128

31. Auf den Gipfeln der Verzweiflung – E.M. Cioran und das Scheitern der Ideologien 130

32. Darmentleerung und Nachrichtenaufnahme – das Scheitern des Toilettendesigns 133

33. Haben Sie Kopfschmerzen? Kein Wunder, bei diesen Tabletten! 135

34. Nach Berlin-Kreuzberg immer Richtung Dresden – die irreführende »Richtlinie für die wegweisende Beschilderung« 137

35. Sounds of Silence – wer seine Ruhe haben will, wird scheitern 139

36. Feuer! Wie die domestizierten Primaten an ihrem entscheidenden Evolutionsvorteil scheitern 141

37. Kritik der praktischen Kriminalität – warum wir mehr intelligente Verbrechen durchaus brauchen könnten 144

38. Sonntags Milch klauen – wie die Ethik des Diebstahls auf den Hund gekommen ist 146

39. Betteln ohne Stab – wie eine gescheiterte Sozialpolitik zu Elends-Performances nötigt 149

40. Raptosaurus auf dem Klo – warum das Scheitern von Beziehungen evolutionär angelegt ist 151

41. Imi, Ata und die Nase – über einen Fall gescheiterter Diskretion im Hurengewerbe 154

42. Schiffbruch Arche Noah II – über eine gescheiterte Biosimulation 157

43. Nutzpflanzen ohne Nutzen – das Scheitern der konventionellen Landwirtschaft 159

44. Murphy und der Müllmagnetismus – im Abfall manifestiert sich das Scheitern auf seine sichtbarste Weise . . . 162

45. Das Pseudo-Tao der Entsorgung – vom Scheitern eines braven Getrenntsammlers 164

46. Planetarisches Scheitern – Leben mit der Katastrophe . . 167

47. Die Schule des Scheiterns – »Man versteht das Leben nur rückwärts, aber leben muss man es vorwärts« 172

48. Lasset uns beten! Wenn Aspirin scheitert, hilft ein Ave Maria 175

49. Letzte Hilfe – »Solange nicht an jeder Ecke öffentlich gestorben wird, gibt es keinen geistigen Fortschritt« 178

Nachwort 180

»Das Leben, seinem inneren Wesen nach, ist ein ständiger Schiffbruch. Aber schiffbrüchig sein heißt nicht ertrinken … Das Gefühl des Schiffbruchs, da es die Wahrheit des Lebens ist, bedeutet schon die Rettung. Darum glaube ich einzig an die Gedanken Scheiternder.«
Ortega y Gasset, 1934

»Nieten sind wichtig, wenn wir das Schiff wieder klar kriegen wollen.«
Wolfgang Neuss, 1987

Vorwort

Ich erinnere mich noch gut an die Zeit, als unsere Zwillinge laufen lernten. Hannah hatte es ein bisschen vor ihrem Bruder raus, ein Ziel ins Auge zu fassen und auf zwei Beinen draufloszuwackeln. Sie stolperte oft und fiel auf den Teppich, aber lernte schnell, wieder aufzustehen und den Weg fortzusetzen. Bei Boris klappte das noch nicht so, aber um den Geschwindigkeitsgewinn seiner Schwester wettzumachen, entwickelte er neue, schnellere Techniken, um auf allen Vieren voran zu kommen. Keines der Kinder hat sein Versagen – das Stolpern und die Stürze oder die Langsamkeit des Krabbelns – als Scheitern empfunden, es war einfach eine natürliche Entwicklung, dass man beim Laufen öfter mal hinfiel oder dass plötzlich jemand schneller unterwegs war und man sich beim Krabbeln etwas einfallen lassen musste. Wenn Kinder Angst vor dem Scheitern hätten, würden sie nie laufen lernen, nur ihrer Furchtlosigkeit, dem Gefühl, dass Hinfallen genauso normal ist wie Aufstehen, verdanken sie den aufrechten Gang.

Aus dieser Perspektive betrachtet ist Scheitern nicht nur selbstverständlich, sondern absolut unverzichtbar für jede Entwicklung, denn ohne die Erfahrung des Misslingens kann sich Erfolg gar nicht einstellen, nur aus Fehlern lernen wir. Umso erstaunlicher mutet es dann an, wenn Soziologen wie Richard Sennett das Scheitern als »ein großes Tabu der Moderne« bezeichnen. Wie kommt es, dass ein Verhalten, das für jedes Lernen, für jede Weiterentwicklung unverzichtbar ist, zum Tabu erklärt werden kann? Die Soziologie erklärt das mit dem dröhnenden Heilsversprechen der Konsumgesellschaft, die allen Tüchtigen Wachstum, Wohlstand und Glück zu garantieren vorgibt und die Schattenseiten dieses

Ideals systematisch ignoriert und ausblendet. Im Blick auf die Selbstverständlichkeit des Scheiterns für lernende Kinder könnte man die Tabuisierung des Versagens auch als Kennzeichen einer Gesellschaft sehen, die glaubt, sie hätte schon alles gelernt und könne auf die Erfahrung des Scheiterns gut und gerne verzichten. Dass es sich freilich bei der Spezies, die sich Homo sapiens nennt und für die Krone der Schöpfung hält, um eine domestizierte Primatenart handelt, die sich häufig abgrundtief dumm gebärdet – diesen Beweis werden wir in diesem Buch mit zahlreichen Beispielen antreten. Diese deuten alle darauf hin, dass das Scheitern in das Betriebssystem »Leben« gewissermaßen eingebaut ist und Murphys Gesetz, dem zufolge alles schiefgeht, was schiefgehen kann, keine Scherzformel von Technikern ist, sondern eine Art universelles und unabänderliches Naturgesetz.

Ein weiterer Grund für die Tabuisierung des Scheiterns könnte im Religiösen liegen. Von Martin Luthers »Du bist schon gerettet, wenn du nur daran glaubst« über die von dem Philosophen und Psychologen William James beschriebenen »Mind-Cure«-Religionen des 19. Jahrhunderts bis zu den TV-Evangelisten, Motivationstrainern und »Tschakatschaka«-Hypnotiseuren unserer Tage ist die Ideologie des positiven Denkens, der Glaube, dass Glauben Berge versetzt, ungebrochen. Da die Rede von der Unausweichlichkeit des Scheiterns diese Selbsthypnotiseure aus ihrer Trance aufwecken könnte, gilt sie in ihren Kreisen als reine Ketzerei. Denn brauchen wir nicht alle ein bisschen Optimismus? Natürlich brauchen wir den, und wir haben ihn von Geburt an, als Lebensenergie, die uns beim Laufenlernen nach dem Hinfallen, Stolpern, Stürzen wieder aufstehen lässt. Denn wenn wir nicht aufhören würden mit dem

Stürzen und das Scheitern unter allen Umständen vermeiden wollten, entwickelten wir uns nicht weiter – wir blieben stehen. Nur das Scheitern zwingt uns, das Leben neu zu erfinden, Neues anzufangen, Aufbrüche zu wagen; seine Unausweichlichkeit auszublenden, bedeutet Stagnation und Stillstand. Lernende können nicht scheitern, sondern nur Erfahrungen machen, aus denen sie weiter lernen. Erst die »Ausgelernten«, die meinen, sie wüssten schon alles und müssten nichts mehr dazulernen, entwickeln Angst vor dem Scheitern. Sie geraten ins Nachdenken darüber, wie sie es vermeiden können, und scheitern dann eben daran.

Diesem Paradox – kaum grübelt man, schon knallt's – verdankt dieses Buch seinen Titel: *Cogito ergo bum.* Ich habe mich auch selbst an diese Warnung gehalten und mich nicht hingesetzt und groß über ein Buch über das Scheitern nachgegrübelt, dessen Spektrum von den Schwarzen Löchern des Weltalls über die globale Schuldenkrise bis zu Begebenheiten vor meiner Berliner Haustür reichen sollte. Doch über all diese Spuren des Scheiterns und Facetten des Misslingens hatte ich in den letzten Jahren schon so oft geschrieben – für die *taz*, das Internetmagazin *Telepolis*, die *Berliner Zeitung* und andere –, dass sich die umfangreiche Themenliste dieses Buchs wie von selbst ergab. Sie reicht sogar noch weiter als das, was auf den folgenden Seiten abgehandelt wird. Wenn der erste Band also nicht scheitert, könnte zu gegebener Zeit ein zweiter mit dem Titel *Cogito ergo bum bum* folgen.

Ich widme dieses Buch meinen beiden Kindern, die gerade mit Bravour ihr Studium abgeschlossen haben. Dass ihnen das scheinbar genauso leicht und selbstverständlich gelang wie vor 24 Jahren das Laufenlernen, hat vielleicht auch damit zu tun, dass sie sich ihre Furchtlosigkeit vor dem

Scheitern bewahrt haben. Dass sie auch künftig Defizite, Rückschläge und Niederlagen nicht als persönliches Versagen, sondern als Lernerfahrung begreifen, wünsche ich nicht nur ihnen, sondern allen Leserinnen und Lesern dieses Buchs.

Mathias Bröckers

1. Nach dem Scheitern – »The essence of life is Composting your own shit«

Das Verb »scheitern« geht etymologisch auf »Scheit« zurück, ein Wort, das als »Holzscheit« noch heute im Gebrauch ist. In diese Scheite oder Scheiter drohten aus Holz zusammengebaute Boote, Ackerwagen und Kutschen zu zerfallen, und zu scheitern bedeutete ursprünglich, seine Karre zu Bruch zu fahren oder, in der Seemannssprache, Schiffbruch zu erleiden. Von dieser Grundbedeutung aus wurde das Scheitern zu einem Synonym für das Versagen, das Mißlingen, den Fehlschlag im Allgemeinen. Neben dem allgegenwärtigen Scheitern hat auch noch der Scheiterhaufen sprachlich überlebt und dient als exemplarischer Begriff für publikumswirksames Aus-der-Welt-Schaffen missliebiger Personen, die dann im doppelten Wortsinn als gescheitert gelten müssen …

Wenn heute gelegentlich von einer »Kunst des Scheiterns« die Rede ist oder von »Scheitern als Chance«, dann ist die ursprüngliche Bedeutung schon ganz ins Allgemeine übergegangen – von einer »Kunst des Totalschadens« oder einem »Schiffbruch als Chance« würde niemand reden. Und als Titel taugten diese Formulierungen bestenfalls für eine Art neo-taoistisches Kabarettprogramm. Eigentlich aber gibt es beim Scheitern nun wirklich überhaupt nichts zu lachen, genauso wenig wie bei einem Schiffbruch – der Untergang der Titanic, das Scheitern im Ozeanriesenformat, war alles andere als eine Komödie. Und all die abertausend kleinen Untergänge, Unfälle und Zusammenbrüche, die sich täglich ereignen, sind ebenfalls kein Spaß, sondern für die Betroffenen immer eine Katastrophe. Die Insolvenz einer Firma, das Durchfallen bei einer Prüfung, die Trennung in einer Liebesbeziehung, der Rückfall nach einem Drogenentzug, der Verlust des Arbeitsplatzes, die Diagnose einer gefährlichen Krankheit und die unendlich vielen anderen Möglichkeiten individuellen Scheiterns sind für die Betroffenen keine Erfahrungen, die sie gern wiederholen oder gar zur Kunst entwickeln würden. Wenn überhaupt an Kunst, dann sind sie an einer Kunst des Wiederaufstehens interessiert, an einer Methode, das in Scheite zerfallene Fahrzeug wieder flott zu machen und im Idealfall tatsächlich eine Chance daraus zu recyceln.

Auch die so genannten »beautiful loser«, die wunderbaren Versager, werden nicht wegen ihres Versagens für großartig befunden, sondern wegen ihrer Fähigkeit, sich nicht unterkriegen zu lassen und auch als Gescheiterte nicht zu hässlichen Menschen zu werden – wie der entlaufene Prinz, der zum Buddha wurde, oder der Zimmermannssohn, der als Gekreuzigter (und Wiederauferstandener) bis heute verehrt wird. Die Erfolgreichen mögen bewundert oder gefürchtet werden – die Gescheiterten werden geliebt.

Franz Jung – Anarchist, Expressionist, Dramatiker – erfand dazu das Bild des »Torpedokäfers«, eines Insekts, das »mit großer Kraft ein Ziel ansteuert und immer das Ziel verfehlt, mit dem Kopf anrennt, zu Boden geht und langsam sich wieder erholt, um immer wieder von neuem zu starten«. Das Ziel zu verfehlen und zu Boden zu gehen – zu scheitern – ist unausweichlich, insofern ist die Lage hoffnungslos, jedoch solange man sich erholen und wieder starten kann, auch nicht wirklich ernst. Es geht also nicht um eine Kunst des Scheiterns, sondern um die Kunst des Wiederaufstehens, wobei allerdings über die grundsätzliche Richtung des Sich-Berappelns – eingedenk des Titels von Franz Jungs Autobiographie – keine Illusionen herrschen sollten: *Der Weg nach unten.*

Der Mythos vom Phönix aus der Asche erzählt insofern eben auch nur die halbe Wahrheit, denn in Wirklichkeit ist das

»Recycling« dieses fabelhaften Vogels nicht erst alle 500 Jahre fällig, wie die Ägypter und Griechen meinten, sondern dauernd und permanent. Eine alte Hippie-Weisheit hat das so ausgedrückt: »The essence of life is composting your own shit.« Dieser Kompost-Gedanke bringt es auf den Punkt. Kein Bauer würde seinen Misthaufen verachten – und nicht anders sollte es sich mit dem je individuellen Shit, dem persönlichen Scheitern verhalten. Die Scheißhaufen des Scheiterns sind nicht zu verachten – auch wenn man sie nicht in der Nähe haben will, weil sie so wehtun, wie ein guter Misthaufen stinkt. Aber nur dank dieses Düngers kann Neues wachsen.

2. Homo stultus – das Mängelwesen Mensch und seine göttlichen Eingebungen

»Es ist fast unmöglich, die Fackel der Wahrheit durch ein Gedränge zu tragen, ohne jemandem den Bart zu versengen«, notierte Georg Christoph Lichtenberg vor über 200 Jahren zu der Schwierigkeit des Projekts »Aufklärung«. Was dieses Projekt sei, hatte sein Zeitgenosse Immanuel Kant in seiner berühmten Definition festgehalten: »Aufklärung ist der Ausgang des Menschen aus seiner selbstverschuldeten Unmündigkeit.« Doch scheint bei diesem »Ausgang« seitdem einiges schiefgegangen zu sein. Dass sich die »Vernunft« in historischen Fortschritten weiterentwickelt, die »Sinnesart« des Volkes und langfristig auch der Regierungen verändert, was dazu führt, den Menschen, »der nun mehr als Maschine ist, seiner Würde gemäß zu behandeln« (Kant) – diese Sichtweise der Aufklärung als Garant der Humanität hat sich als zu optimistisch erwiesen. Um in Lichtenbergs Bild zu bleiben, war die Fackel entweder zu heiß oder das Gedränge zu groß oder die Männer mit Bart waren in der Überzahl und wollten sich die Zwangsrasur durch aufklärerische Fackelträger einfach nicht bieten lassen. Jedenfalls setzten sich die Bartträger durch und eliminierten die Idee, das Menschengeschlecht durch Wissen und Wahrheit zur Vernunft zu führen.

Der Rückfall in die Barbarei des Faschismus und der Weltkriege zeigte denn auch spätestens im 20. Jahrhundert das faktische Scheitern dieser Zivilisationsbemühungen an. Von diesem Versagen, das Adorno und Horkheimer in ihrer *Dialektik der Aufklärung* konstatierten, hat sich das Projekt bis heute nicht erholt – wobei es dieser pessimistischen Einschätzung des Horrors von Auschwitz eigentlich gar nicht bedurft hätte. Schon 1919 hatte der Psychologe und Nobelpreisträger Charles

Richet angesichts von »Verstümmelung, Beschneidung, Kastration, Zölibat, Königskult, Knechtseligkeit, Unterwerfung, Klassengesellschaft, Drogen, Alkoholismus, Tabak, Moden, Juwelen, Krieg und Rüstung, Aberglaube, Stierkampf, Ausrottung von Tierarten, Zerstörung der Wälder, Schutzzölle, Krankheiten aus Leichtsinn etc.« den Vorschlag gemacht, aufgrund der sich häufenden menschlichen Dummheit den Homo sapiens in »Homo stultus« umzubenennen. Dass sein Werk *L'homme stupide* heute nahezu unbekannt ist, wundert nicht, denn wer hört schon gern, dass er, wie man in Berlin sagt, »dumm wie Stulle« ist. Auch was der Arzt und Poet Gottfried Benn diagnostizierte – »Es ist ein Irrtum, anzunehmen, der Mensch habe noch einen Inhalt oder müsse einen haben. Der Mensch hat Nahrungssorgen, Familiensorgen, Ehrgeiz, Neurosen, aber das ist kein Inhalt im metaphysischen Sinne mehr … Es ist überhaupt kein Mensch mehr da, nur noch seine Symptome« –, auch diese Darstellung der Krone der Schöpfung als hohle Nuss stieß nicht auf große Gegenliebe. Doch mögen diese beiden Diagnosen reichen, um zu zeigen, dass der Mensch durch die Anhäufung von Wissen nicht mündiger und autonomer wurde, sondern sich immer mehr zum Mängelwesen entwickelte.

Ein letztes, erschreckendes Beispiel lieferte der derzeit mächtigste Mann der Welt, George W. Bush, der die Frage des Reporters Bob Woodward, ob er vor der Invasion des Iraks seinen Vater konsultiert habe, verneinte. Dafür hätte er einen anderen Vater, den er täglich um Rat frage, und von ihm, dem lieben Gott, sei auch der Rat gekommen, den Irak zu »befreien«. Soweit ist es mit dem Projekt Aufklärung also gekommen – nicht Vernunft, Verstand oder erfahrene Berater entscheiden über einen Krieg, der Hunderttausende das Leben kostet, sondern himmlische Eingebungen: »Gott befahl mir, Al

Qaida anzugreifen, und ich griff sie an, dann trug er mir auf, Saddam anzugreifen, was ich tat, und jetzt bin ich entschlossen, die Probleme im Mittleren Osten zu lösen.« So gesendet von BBC am 6. Oktober 2005. Bei Adolf, dem großen Führer der Deutschen, war es die göttliche »Vorsehung«, die ihn (und 50 Millionen Menschen) in den Untergang führte, bei Dabbelju ist es die persönliche Ansprache Gottes: »Wenn ich nicht darauf vertrauen würde, dass Gott durch mich spricht, könnte ich meinen Job nicht machen.« Nachdem er im Mittleren Osten ein Debakel angerichtet hat, pfeift ihn jetzt folgerichtig auch nicht der liebe Gott, sondern der Papa persönlich zurück – und schickt den Top-Krisenklempner der Bush-Familie, James Baker, zum Aufräumen. Ginge es weiter nach Dabbeljus Eingebungen und den Einflüsterungen seiner Neocon-Berater würde er seine göttliche Mission im Iran, Syrien und anderswo fortsetzen und »Demokratie« und »Freiheit« unvermindert mit Bomben verbreiten. Ein Glück also, dass es diesmal einen Papa Hitler gibt, der seinen durchgeknallten Adolf energisch zurückpfeift. Aber auch so bleibt festzuhalten, dass das Scheitern des Homo stultus George W. Bush den bis dato blutigsten Massenmord des 21. Jahrhunderts markiert.

3. Patridiotismus – wie das Reptilienhirn die domestizierten Primaten immer wieder scheitern lässt

»Die meisten domestizierten Primaten auf Terra hatten keine Ahnung davon, dass sie Primaten waren. Sie hielten sich für etwas anderes und ›Besseres‹ als den Rest des Planeten. Selbst Benny Benedict ging in seiner Kolumne ›Noch einen Monat‹ davon aus. Benny hatte zwar Darwin gelesen, aber das war im College gewesen und schon eine Weile her. Er hatte dort auch von Wissenschaften wie Ethologie und Ökologie gehört, aber die Fakten der Evolution waren ihm nie richtig klar geworden. Er hielt sich keineswegs für einen Primaten und hatte auch noch nie bemerkt, dass seine Freunde und Bekannten welche waren. Vor allem erkannte er nicht, dass die Alphamännchen … typische Anführer von Primatenbanden waren. Als Folge dieser Unfähigkeit, das Offensichtliche zu erkennen, war Benny ständig über sein eigenes Verhalten und das seiner Freunde, Bekannten und besonders der Alphamännchen bekümmert, manchmal sogar richtiggehend entsetzt. Weil er nicht wusste, dass dies ein ganz normales Primatenverhalten ist, erschien es ihm einfach s c h r e c k l i c h .«
Robert A. Wilson, Schrödingers Katze

Das Durchschnittsbewusstsein der domestizierten Primaten auf der Erde zeichnet sich unter anderem dadurch aus, dass es sich weder eine lebende noch tote Katze, mit der Erwin Schrödinger einst die Konsequenzen der Quantenphysik erklärte, vorstellen kann. Koexistierende Zwischenzustände zwischen Dasein und Nicht-Dasein – sei es von Katzenkörpern oder von

Atomteilchen – sind für den gemeinen Primatenverstand ein Unding, und so kommt es, dass auch 80 Jahre nach ihrer Entdeckung die Quantenrealität kaum wahrgenommen wird. Das kann nicht überraschen. Nicht einmal die fast 500 Jahre alte Entdeckung des Kopernikus ist in die semantischen Schaltkreise der Primatenhirne eingegangen: Bis heute reden sie davon, dass die Sonne »auf«- oder »unter«-geht. Wie tief diese Prägung ist, kann jede/r beim nächsten prächtigen Sonnenuntergang überprüfen: Es dauert einige Minuten, bis man sich klar gemacht hat und »spürt«, dass nicht die Sonne, sondern die Erde sich dreht.

Woran liegt es, dass unserem Bewusstsein auch nach einem halben Jahrtausend die kopernikanische Wende nicht implantiert ist? Robert A. Wilson zufolge sind es die zwei ältesten und am tiefsten geprägten Schaltkreise des Primatenhirns – sie sichern Bio-Überleben und emotional-territoriale Ansprüche –, die den von Symbolen (Sprache) geprägten dritten Schaltkreis okkupieren. Dank dieses egozentrischen »Reptilienhirns«, wie Carl Sagan es nannte, empfinden domestizierte Primaten emotionalen oder territorialen Statusverlust als Bedrohung.

Jedes Alphamännchen kann den ganzen Primatenstamm hinter sich bringen, wenn es ihn überzeugt, dass es ein anderes Alphamännchen auf ihr Territorium abgesehen hat. Ist es gelungen, diesen »patriotischen« Schaltkreis anzuklicken und auch noch genügend Bio-Überlebensangst zu produzieren, handelt der Stamm nach Gedankensystemen, die einer rationalen Analyse keine fünf Minuten standhalten. Zwar werden die Anthropologen nicht müde, die vor etwa 11 000 Jahren entstandenen ersten Siedlungen der domestizierten Primaten als zivilisatorische Großleistung zu rühmen, schließlich hatten die einzelnen Alphamännchen noch kurz zuvor ihr Territorium mit

Exkrementen abgesteckt und Eindringlinge mit diesen Grenzmarkierungen beworfen. Doch wie wenig sich im Kern geändert hat, lässt sich an bestimmten Redewendungen ablesen. So ziehen bis heute die domestizierten Primaten in den Krieg, um ihren Gegnern »die Scheiße aus dem Leib zu prügeln«. Ist die Operation erfolgreich (oder zeigt der Gegner »Schiss« und unterwirft sich freiwillig), wird das Territorium neu abgesteckt.

Auch wenn der Prozess der Zivilisation Technologien hervorbrachte, die die Häufchen von einst durch Megatonnen-Bomben ersetzten, die grundlegende Struktur ist dieselbe geblieben. »Für Saddam, in Liebe« signierte der damalige Verteidigungsminister Dick Cheney (im ersten Golfkrieg) eine über dem Irak abgeworfene Bombe. Er konnte nicht einfach »du dreckiger Scheißer« draufschreiben, ohne seinen Job zu gefährden, sondern musste sich damit begnügen, seinem Bömbchen (frz. *pétard*, engl. *fart*, dtsch. »Furz«) eine ironische Duftmarke anzuheften: »in Liebe«. Diese Kulturleistung immerhin haben 50 000 Jahre Primatenevolution erbracht. Wäre da nicht die gesteigerte Tötungseffizienz der Mittel, man könnte fast von »Fortschritt« sprechen.

Mit der steigenden Zahl und Heterogenität der Bewohner gerät der Landgewinn starker Primatenbanden irgendwann an den kritischen Punkt, an dem Hierarchie und Hackordnung zu zerfasern drohen, Stabilität im Inneren lässt sich nur aufrecht erhalten über einen äußeren Feind, gegen den sich alle zusammenschließen müssen, weil er angeblich allen ans Eingemachte will. An dieser Stelle im Häufchen-Spiel humanoider Organisationsentwicklung nun schlägt die Stunde der »Nation«, des Primaten als Patrioten, der gegen eine angebliche Übermacht (die als »Barbaren«, »Hunnen«, »Achse des Bösen« etc. dämonisiert wird) seine Sicherheitszone auf das gesamte Territorium ausdehnt. Nicht das Bedürfnis nach Handel,

Wandel und Kommunikation liegt dem Entstehen von Nationen zugrunde, sondern Paranoia. Wenn sie nur ausreichend Angst schüren, gelingt es den Primatenführern im Handumdrehen, im gesamten Stamm die Bereitschaft zu mobilisieren, für abstrakte Symbole (sprachliche Begriffe wie »Nation«, »Vaterland«, »Heimat« oder farbliche Zeichen wie Fahnen, Wimpel, Uniformen) in den Krieg zu ziehen.

Wie wenig 250 Jahre Aufklärung, Rationalismus, Moderne an der archaischen Dumpfheit dieses »Patridiotismus« bis dato ändern konnten, zeigen die jüngsten Kriege der Großmacht USA ebenso wie all die kleineren Gemetzel, die sich aufgehetzte Primatenhorden überall auf der Welt liefern. Dass die höheren Schaltkreise des Primatenhirns in ihrer kurzen Geschichte wunderbare Erfindungen hervorgebracht haben und zu großartigen Leistungen fähig sind, kann niemand bestreiten; solange aber die Saurierabteilung ihres Gehirns jederzeit den ganzen Laden übernehmen kann, so lange muss sich Homo stultus auf diesem Planeten der Affen wohl weiter gegenseitig die Scheiße aus dem Leib prügeln …

4. Operation Münchhausen – warum es Hühnern nur in den seltensten Fällen gelingt, sich zu Adlern aufzuschwingen

63 Millionen Einträge verzeichnet Google.de für den Begriff »Erfolg«, »Scheitern« dagegen ist nur 6,8 Millionen Mal aufgeführt. Das scheint die Diagnose des Soziologen Richard Sennett zu bestätigen: Über Erfolg kann man sprechen, über Scheitern muss man schweigen. Käme in der Realität auf zehn Erfolge nur ein gescheiterter Versuch, wären 90 Prozent der Bevölkerung absolute Erfolgsmenschen und das Scheitern kaum der Rede wert. Tatsächlich verhält es sich aber eher umgekehrt und können allenfalls zehn Prozent als Erfolgsmenschen bezeichnet werden. Dass von »Erfolg« dennoch zehnmal so häufig die Rede ist wie vom »Scheitern«, zeigt insofern nur an, dass über Fehlschläge und Misserfolge eben geschwiegen wird, während es von Erfolgen schon tönt, obwohl sie noch gar nicht eingetreten sind. Dass das ständige Scheitern – 30 Prozent der Studenten brechen nach einem Semester ab, 60 Prozent aller Ehen scheitern, 85 Prozent aller Unternehmensgründungen enden in der Pleite usw.usf. –, dass diese tatsächliche Allgegenwart des Scheiterns in der Öffentlichkeit eine so geringe Rolle spielt, deutet auf einen hohen Grad der Tabuisierung und Verdrängung hin. Wie diese Abwehr des Scheiterns konkret läuft, hat der Journalist Christian Schütte am Beispiel eines Motivationstrainers beschrieben, der seinen Klienten »positives Denken« einimpft: »Und dann sagt er ihnen, sie seien in den Hühnerstall hineingeboren. Zu Hühnern habe man sie erzogen. Und er sagt ihnen, sie seien Adler, und sie schweigen und lauschen. Und der Hühnerstall, das sagt er ihnen nicht, ist die Gesellschaft, und Hühner sind schwach. Und die allermeisten Menschen seien Hühner, und du, sagt er ihnen, du schaffst alles, wenn

du nur willst, DU, sagt er, DU kannst Adler werden! Und 1 100 Adler jubeln.«

Die Methode, positives Denken als Erfolgsstrategie zu verkaufen und illusionäre Erwartungen als Heilsweg, ist so alt wie das Amen in der Kirche – und viele Soziologen und Psychologen halten derlei unrealistischen Optimismus nach wie vor für ein geeignetes Rezept. Dass der Glaube Berge versetzen kann, steht schließlich schon in der Bibel, und dem Zeitgeist von »time is money« entsprechend wird mittlerweile in Seminaren und Ratgebern gelehrt, wie man sich per Autosuggestion in 20 Minuten aus jedem Sumpf ziehen kann. Auch wenn es gelegentlich vorkommen mag, dass ein Huhn zu einem Adler mutiert und sich in die Lüfte schwingt – in aller Regel landen Hühner, die abheben, immer noch auf dem Mist.

»Noch nie«, konstatiert ein Dossier der *Zeit* (»Die Diktatur der Optimisten«, 25/2001), »gab es aus kulturwissenschaftlicher Sicht so viele Brüche wie im 20. Jahrhundert: gebrochene Biografien, gebrochene Linearitäten, gebrochene Träume. Zerstörte Utopien, zerstörtes Glück. Die Sehnsucht nach dem Paradies in der ›reflexiven‹, ihre eigenen Grundlagen bedenkenden Moderne könnte also, massenpsychologisch gesprochen, die Sehnsucht des haltlosen Individuums nach Teilnahme an einer fantasierten Allmacht sein. Milieus zersplittern, Institutionen bröckeln, Partnerschaften wechseln, Familien zerbrechen. Es gibt kein Über mehr und kein Zurück, nur noch das Fort.« Und somit Konjunktur für Erweckungstrainer und Erfolgsprediger, die die Unausweichlichkeit des Scheiterns konsequent ausblenden und eine schöne neue Welt der absoluten Machbarkeit verkaufen.

Ihre begeisterten Klienten, die sich von Motivationszauberern für teures Geld in kollektive Euphorie und Erfolgstrance versetzen lassen, neigen indessen dann häufig dazu, dass sie sich im Zuge der Selbstüberschätzung zu hohe Ziele setzen – und damit zwangsläufig scheitern. Statt sich realistisch als Taube oder Spatz einzuschätzen und dazu aufzuschwingen, hecheln sie der Adler-Illusion hinterher und enden auf dem harten Boden der Tatsachen, als armes Huhn.

5. Wenn Scheitern keine Option ist, sorgt diese Realitätsblindheit für fürchterliche Desaster

Der Philosoph des Scheiterns ist Buddha. Der ehemalige Prinz fand vor über 2 500 Jahren mittels Askese und Meditation zur Erleuchtung, und die erste und wichtigste Wahrheit, die er erkannte, war die Unausweichlichkeit des Scheiterns: Das Leben in seinem Daseinskreislauf ist grundsätzlich leidvoll, das ständige Scheitern ist fest einprogrammiert, daran sowie am Leiden an diesem Scheitern ist einfach nicht zu rütteln. Die im eher hektischen Abendland seit etwa 200 Jahren so bewunderte Gelassenheit des Buddhismus ist insofern keine Überraschung: Wer diese grundlegende Wahrheit des Scheiterns durchschaut hat, den kann rein gar nichts mehr erschüttern. Das heißt aber nicht, dass den Buddhisten deshalb alles – weil ja sowieso zum Scheitern verurteilt – nun einfach egal sein könnte; im Gegenteil. Ihr Lehrer hat in einem zweiten Schritt auch die drei Ursachen dieser ganzen Malaise erkannt und identifiziert – Gier, Hass und Verblendung – und seine Anhänger dazu aufgefordert, diese Ursachen zu beseitigen. Dadurch kann das unausweichliche Scheitern zwar nicht abgestellt werden, aber zumindest das Leiden daran.

In Deutschland wurden Buddhas Erkenntnisse zuerst von Arthur Schopenhauer aufgegriffen, der deshalb gemeinhin als Philosoph des Pessimismus gilt. In der Tat sah der »Buddha von Frankfurt« – anders als Leibniz, der behauptete, dass wir in einer *mundus optimus*, der »besten aller Welten«, leben – die Welt in ihrer ganzen Schrecklichkeit, hätte diese Sichtweise aber selbst nie als »pessimistisch«, sondern schlicht als »realistisch« bezeichnet. Diesen real existierenden Schrecken in der Außenwelt zu bekämpfen, ist nach Schopenhauer vergebliche Mühe. Doch wie Buddha fordert auch er nicht, durch

Hinwendung zur geistigen Innenwelt das Schlechte einfach hinzunehmen und zu dulden, sondern Mitleid mit den zum Scheitern verdammten Kreaturen zu entwickeln – um in dieser geistigen Haltung letztlich die Befreiung aus dem Rad der Wiedergeburt zu erreichen.

Dieser spirituelle Ausweg aus dem ewigen Kreislauf von Scheitern und Reinkarnation war Schopenhauers Nachfolger, dem entlaufenen und später verrückt gewordenen Pfarrerssohn Friedrich Nietzsche, zu theologisch. Der Ablösung von der Welt mit dem Nirwana als Endstation setzte er den erleuchteten Übermenschen entgegen, der – ausgestattet mit dem nötigen Willen zur Macht – statt im nebulös Geistigen im konkret Irdischen die Unausweichlichkeit des Scheiterns überwinden könne. Hitler und seine Kameraden nahmen dies als Handlungsanweisung, halluzinierten das deutsche Volk als Herrenrasse und schickten sich an, Deutschland und den Rest der Welt vom Scheitern zu befreien. Das Ergebnis – der Zweite Weltkrieg mit 50 Millionen Toten – markiert bis dato den Höhepunkt der gescheiterten Versuche, die Welt mit Gewalt in einen Hort des reinen Gelingens zu verwandeln, doch diese Tragödie hat nicht dazu geführt, diese untauglichen Versuche wirklich aufzugeben.

Zuletzt versuchten die Vereinigten Staaten, den »gescheiterten Staat« Irak von seinem Los zu befreien, indem sie dort mit »Shock and Awe« – dem Schock eines fürchterlichen Bombardements – Freiheit und Demokratie verbreiten wollten. »Scheitern ist keine Option«, hatte der oberste Kriegsherr G.W. Bush zuvor verkündet – seitdem sind im Irak nach einer Schätzung des medizinischen Fachblatts *The Lancet* 650 000 Menschen ums Leben gekommen, ein Großteil der Infrastruktur wurde zerstört, das Land versinkt im Bürgerkrieg, und ein Ende ist nicht abzusehen. Soviel zu einer Realitätsblindheit, die das Scheitern einfach ausblendet.

Wäre der Präsident statt mit bushistischem Tunnelblick mit buddhistischem Weitblick ausgestattet gewesen, hätte er erkannt, dass gegen »gescheiterte Staaten« – wie auch gegen das Scheitern überhaupt – nur zwei Dinge helfen: Mitgefühl und Humor. Zumindest die Betreiber von Google haben das richtig erkannt: Wenn man »failure«, das englische Wort für »Scheitern«, in die Suchmaschine eingibt oder »miserable failure« (»klägliches Versagen«), wird an erster Stelle die Adresse www.whitehouse.gov/president genannt – die Homepage von George W. Bush.

6. Die Abschaffung des Sonnenuntergangs – wie falsche Begriffe zu falschem Denken führen

Die Unausweichlichkeit des Scheiterns hat unter anderem auch damit zu tun, dass wir falsch denken und dieses falsche Denken daher rührt, dass wir falsche, überholte Begriffe verwenden. Der Physiker Max Planck meinte einmal, dass erst eine ganze Generation von Wissenschaftlern wegsterben muss, damit neue Ideen sich durchsetzen können. Doch das ist ein äußerst optimistischer Zeitrahmen, betrachtet man etwa die Tatsache, dass wir auch 500 Jahre nach Kopernikus immer noch völlig selbstverständlich vom Sonnenuntergang sprechen. Zwar weiß jedes Kind, dass nicht die Sonne, sondern die Erde sich dreht, als sprachlichen Zugriff auf diese fundamentalste aller Naturtatsachen aber lernt es zwei Falschbezeichnungen: Sonnenaufgang und Sonnenuntergang. Es gibt gar kein anderes Wort für das Ereignis, und dank dieses Begriffsmonopols hat sich das alte Weltbild von der Erde als Mittelpunkt wider besseres Wissen gehalten, im Untergrund der Sprache und damit in den Denk- und Wahrnehmungsgewohnheiten.

Dass die Sonne wirklich untergeht, wie es von den Meteorologen bis zu den »Caprifischern« sämtliche Experten behaupten, daran besteht für uns ja eigentlich kein Zweifel. Und doch gleicht unsere Lage beim Bestaunen eines prachtvollen Sonnenuntergangs den Fahrgästen eines Kettenkarussells, die sich darüber wundern, mit welcher Schönheit der auf der Plattform stehende Karussellbesitzer sich zu drehen beginnt. Oder der Situation von Bahnreisenden, denen die Ankunft eines Zugs auf dem Nachbargleis wie die eigene Abfahrt vorkommt. Erst wenn der vorbeirauschende Hintergrund plötzlich stillsteht, springen die getäuschten Sinne, nach einer Schrecksekunde, in die Wahrnehmung der wirklichen Bewegungsverhältnisse zurück. Bei der Sonne geht das nicht so ohne weiteres. Ihr Untergang ist für unsere Sinne eine so ausgemachte, tief eingeprägte Sache, dass es schon eine ganze Weile dauert, sich der Täuschung bewusst zu werden: zu spüren, dass nicht die rote Sonne da vorne im Meer versinkt, sondern wir es sind, die samt Meer sanft nach hinten wegkippen.

Wie soll die allenthalben eingeklagte Neudefinition der Verantwortung des Menschen für den Planeten gelingen, wie das unausweichliche Scheitern wenigstens gemildert werden, wenn schon die Wahrnehmung der planetaren Bewegung auf einem sprachlich zementierten Missverständnis beruht? Nein, der hirnverkleisternde Sprachzement setzt sich fort, und der tollste Unsinn in diesem Zusammenhang ist das Wort »Umwelt«. Vor 30 Jahren noch nahezu bedeutungslos, findet sich der Begriff heute in unzähligen Kombinationen fast überall, von den Höhen des Verfassungsrechts bis hinunter zur Cola-Dose auf der Müllkippe. Bei den alljährlichen Umfragen nach den Sorgen und Wünschen fürs neue Jahr sind die ewigen Spitzenreiter »Gesundheit« und »Arbeitsplätze« von einem hartnäckigen Konkurrenten bedroht – es ist die Umwelt, um die sich die Deutschen heftig, wenn nicht sogar am meisten sorgen. Und so kann es nicht mehr lange dauern, bis auch altehrwürdige Redewendungen von ihr erobert werden: »Über was habt ihr die halbe Nacht geredet?« – »Ach, über Gott und die Umwelt.«

Die glanzvolle Karriere des Begriffs Umwelt verdankt sich dem »Um«, dem »Drumherum«, dem »Außen« dieser Welt – mit den Menschen, mit uns hat sie scheinbar nichts zu tun. Die Umwelt hat Probleme, aber mit meinem Ego ist alles okay, mein Drumherumweltbewusstsein kennt die Schuldigen: den gemeinen Kapitalismus, die böse Industrie und die unfähige

Regierung, die zu wenig gegen die Umweltschweine tut. Wie die Rede vom Sonnenuntergang den alten Geozentrismus heimlich mit sich schleppt, ist auch das Wort Umwelt mit einem überkommenen Weltbild befrachtet: der Vorstellung vom Menschen als Zentrum und Maß aller Dinge – und einer von ihm getrennten, äußerlichen Um-Welt. Und wie der Sonnenuntergang uns über die tatsächliche Bewegung im Raum täuscht, so die Umwelt über die Lage auf der Erde: Der Begriff entsorgt die ökologische Bedrohung vom Zentrum – von uns Menschen und unserer Lebensweise – in die Peripherie, das Umfeld, eben die Umwelt. Dort draußen finden die Katastrophen statt, und dort wird auch rumgedoktert: mit Hightech-Brimborium und intelligenten Mülltonnen.

Als ich einem Amerikaner unlängst meinen Ersatzführerschein zeigte, wollte er es kaum glauben; zu den drei Brocken Deutsch, die er aus dem Kino kannte, gehörten »Ersatz« und »Führer«. »Wenn jeder mit so einem Ding rumläuft, müsst ihr euch über neue Nazis nicht wundern«, scherzte er, und an diesem Witz ist etwas Wahres.

Der Philosoph und Physiker Georg Christoph Lichtenberg hat einmal über eine ideale Sprache nachgedacht, »worin man eine Falschheit gar nicht sagen könnte, oder wo wenigstens jeder Schnitzer gegen die Wahrheit auch ein grammatikalischer wäre«. Führerschein, Umwelt, Sonnenuntergang sowie alle anderen irreführenden Wortzusammensetzungen wären in einer solchen Sprache ebenfalls abgeschafft. Nicht, dass mit neuen Worten allein schon alles erledigt wäre – aber eine andere Bedienungsanleitung für das menschliche Hirn hat der Schöpfer dummerweise nicht beigelegt. Schon deshalb sollte, wer die Fahrerlaubnis freiwillig zurückgibt, vom Ministerium für Biopsychosphärenschutz mit Erdabgängen bei Capri nicht unter drei Monaten belohnt werden.

7. Ich denke, also passiert's – vom Scheitern in einem beobachtererzeugten Universum

Im Sommer 1987 explodierte in der hessischen Stadt Herborn ein Benzinlastzug – auf einem steilen Gefälle vor der Ortseinfahrt waren die Bremsen ausgefallen. In den Wochen darauf verging kaum ein Tag ohne einen schweren Lkw-Unfall, am Samstag nach der Katastrophe von Herborn meldete die *Bild*-Zeitung gleich vier Tankwagenunfälle, und in den folgenden Wochen kippten die explosiven Brummis reihenweise weiter um. Etwas Ähnliches war nach der Rhein-Verseuchung durch einen technischen Fehler der Sandoz-Werke ein Jahr zuvor zu beobachten: Wochenlang wurden manchmal mehrfach am Tage die Einleitung von Giftstoffen in den Rhein und andere Gewässer publik. Nun hat man schon jahrelang gar nichts mehr davon gehört, aber es ist zu vermuten, dass diese Ruhe trügt – so wie der Wasserhahn plötzlich nicht mehr stört, aber unvermindert weiter tröpfelt.

Die Wirklichkeit ist ein Produkt selektiver Wahrnehmung. Diese Feststellung ist ebenso banal wie die Tatsache, dass die Mächtigen seit jeher die öffentliche Wahrnehmung in ihrem Interesse manipulieren. Seit 1927 freilich steht ein viel größeres Problem ins Haus: Damals hatte Werner Heisenberg entdeckt, dass die Bahn eines Elementarteilchens erst dadurch entsteht, dass man nach ihr Ausschau hält. Nach der von Heisenberg und Niels Bohr entwickelten Quantentheorie existiert etwa das von Elektronen erzeugte Fernsehbild nur so lange, wie wir es betrachten. Die Elementarteilchen befinden sich in einer Art Wahrscheinlichkeitswolke und nehmen erst dann einen festen Platz ein, wenn ein Beobachter mit ihr in Wechselwirkung tritt – was die unbeobachtete Wolke »ARD« treibt, während ich im Nebenzimmer telefoniere, ist der Wissenschaft ein Rätsel. Das Elektron, so stellten die Quantenphysiker mit Erschrecken fest, kann sowohl als eine im Raum ausgebreitete Welle als auch als lokalisierbares Teilchen erscheinen, die Verwandlung jedoch liegt nicht in ihm selbst, sondern in dem begründet, was der Beobachter zu sehen beliebt. Mit dieser Entdeckung war eine Jahrtausende alte Denktradition auf einen Schlag ruiniert: die Vorstellung einer vom Beobachter unabhängigen, objektiven Realität. Was außen passiert, ist untrennbar verbunden mit dem inneren Zustand des Messapparats, das heißt mit dem Bewusstsein des Beobachters. Zwar beeilten sich die Physiker, öffentlich zu versichern, dass all dies nur für den mikrokosmischen, subatomaren Bereich gelte, und in der Makrowelt des Alltags weiter alles in bester Bauklötzchenordnung sei – auf ihren Fachkongressen allerdings führen sie bis heute heiße Debatten darüber, ob der Mond wirklich da ist, wenn niemand hinsieht.

Wie ist das also mit diesen merkwürdigen Serien, etwa den in irgendeinem Jahr plötzlich serienweise verunglückenden Reisebussen? Über Jahre, so scheint es, schwirren sie in einer vagen Wahrscheinlichkeitswolke, und plötzlich sind sie da und verunglücken massenhaft wie 1987 die explosiven Tanklastzüge. Vor dem Herborner Knall befanden sie sich an einem ähnlichen Nicht-Ort wie die unbeobachteten Elementarteilchen. Obwohl mir dieser Satz eben noch sinnvoll erschien, offenbart er sich jetzt, wo ich ihn als baren Unsinn betrachte, als barer Unsinn – und genauso verhält es sich mit den Reisebussen: Wer nach einem halbwegs geordnet vor sich hinstinkenden Busverkehr Ausschau hält, wird ihn beobachten; wer den Aberwitz von Hochgeschwindigkeitsbussen und übermüdeten Fahrern beobachten will, entdeckt einen Unfall nach dem anderen. Der Witz, der unsere Logik aus den Angeln hebt: Beides findet tatsächlich statt.

Nun sagt uns die strenge Mathematik, dass solche Serienereignisse rein zufällig und vier schwere Busunglücke pro Woche gar nichts Besonderes sind, wenn wir nur den Beobachtungszeitraum lang genug wählen. Und doch würde jeder Lottospieler kaum noch an den reinen Zufall glauben, wenn er jahrelang nichts und dann plötzlich viermal hintereinander gewinnen würde. Mir kamen solche Zweifel oft, wenn ich mich bei meiner Arbeit als Zeitungsredakteur mal wieder an den Stapel unbearbeiteter Manuskripte machte. Da lag ein Artikel wochenlang unberührt herum, und kaum nahm ich ihn mir vor, rief der Autor an, um sich danach zu erkundigen.

Die Schaltungen dieser stillen Post funktionierten keineswegs immer, aber viel zu oft, als dass nur Zufall dahinterstecken konnte – irgendeine mysteriöse Telekom war hier am Werke. Vieles spricht dafür, dass es derselbe »Piratensender« ist, über den sich auch die Quantenphysik den Kopf zerbricht: Er überbrückt auf unbekannte Weise die Schnittstelle von Geist und Materie, Beobachterbewusstsein und Ereignis. Frei nach Descartes: Ich denke, also passiert's – cogito ergo bum.

Könnte am Ende auch eine Serie von Busunglücken damit zu tun haben, dass nach dem ersten zufälligen Knall Millionen Menschen ihr Beobachterbewusstsein auf die Möglichkeit schwerer Unglücke ausrichten – und schon geraten die Busse aus der Wahrscheinlichkeitskurve und landen in einem tödlichen Abgrund der Wirklichkeit? Derlei bizarre Fragen gingen mir durch den Kopf, als in den Abendnachrichten wieder ein weiteres schweres Busunglück gemeldet wurde. Am nächsten Tag stieg ich in den 29er Bus Richtung Kudamm und dachte an nichts Böses, da schneidet der Fahrer eine Kurve, zwingt ein entgegenkommendes Auto zur Vollbremsung und rumms, der Hintermann fährt auf. Hat die Seuche jetzt schon auf Stadtbusse übergegriffen? Zum Glück, dachte ich mir, war wenigstens kein Tanklastzug beteiligt.

8. »Wahrheit ist die Erfindung eines Lügners« – über das Scheitern objektiver Erkenntnis

»Wenn der menschliche Geist simpel genug wäre, dass wir ihn verstehen könnten, wären wir zu simpel, um ihn zu verstehen.« So hat der Autor und Computerwissenschaftler Emerson Pugh einmal das Dilemma der Erkenntnis auf den Punkt gebracht. Wir gleichen also einem Automechaniker, der die Funktionsweise eines Motors verstehen soll, ohne je unter die Haube blicken zu können, weil er dauernd fahren muss. Um wahrzunehmen, was Bewusstsein ist, müssen wir bewusst sein, um etwas über Sprache zu erfahren, müssen wir Sprache benutzen, damit »etwas« beobachtet werden kann, muss ein Beobachter da sein. Stellen wir uns vor, der Strom fällt wegen eines Kurzschlusses aus, aber der Einbau einer neuen Sicherung könnte nicht einfach per Hand, sondern nur mit elektrischem Strom geschehen – vor demselben Dilemma steht der menschliche Geist, der sich selbst erkennen will.

Dieses Problem der Zirkularität, der Selbstbezüglichkeit, hat Denker und Philosophen, seit jeher auf die Palme gebracht, weil sie zu recht befürchteten, dass über einen stets nur sich selbst spiegelnden Geist keine allgemeingültigen Erkenntnisse zu gewinnen sind. Deshalb ersannen sie einfallsreiche Hilfskonstruktionen, die solche »objektiven« Erkenntnisse dennoch zulassen sollten, und die erfolgreichste dieser Eselsbrücken bestand in der Trennung von Subjekt und Objekt: einer »objektiven« Außenwelt und einem strikt davon getrennten »subjektiven« Empfänger, der die Signale dieser Außenwelt mit seinem Wahrnehmungsapparat empfängt und interpretiert. So weit, so gut, doch Anfang des 20. Jahrhunderts entzog die Quantenphysik diesem Modell den Boden, nachdem Werner Heisenberg entdeckt hatte, dass im unbeobachteten Zustand keine »Atomteilchen« existieren, sondern sie erst dann entstehen, wenn ein Empfänger nach ihnen sucht. »Der Mond ist nicht da, wenn niemand hinsieht« ist nicht der Titel eines Kindermärchens, sondern die Pointierung einer Konsequenz, die einige Theoretiker aus diesem Dilemma zogen, dass nämlich Bewusstsein Realität erzeugt.

Einer von ihnen war John von Neumann, ein strenger Logiker, den viele für *das* mathematische Genie des 20. Jahrhunderts halten, der sich aber erkenntnistheoretisch plötzlich auf einer Linie mit dem idealistischen Bischof Berkeley befand. »Esse est percipii« – Sein heißt, wahrgenommen werden – hatte der philosophierende Gottesmann im 18. Jahrhundert der sich ausbreitenden mechanistischen Sicht des Universums entgegengehalten: »All die Körper, die das große Gefüge der Welt bilden, haben ohne einen Verstand keine Substanz!« Ganz so weit gehen heute selbst radikale Vertreter der »beobachtererzeugten Realität« nicht, eine »Substanz« gestehen sie der unbeobachteten Welt durchaus zu, allerdings nur in Form einer »Wahrscheinlichkeitswolke« (Heisenberg), eines Bündels koexistierender Zustände. Erst wenn unser Bewusstsein Maß nimmt, verwandelt sich die *Möglichkeits*-Welt der Quanten in die *Wirklichkeits*-Welt der Materie.

Von diesem erkenntnistheoretischen Schock – Bewusstsein, Geist, als konstituierendes Moment der Realität – hat sich die Wissenschaft bis heute nicht erholt und weigert sich in weiten Teilen, ihn auch nur zur Kenntnis zu nehmen. Noch immer wird in jener obsoleten Hilfskonstruktion, dem Dualismus von Subjekt und Objekt gedacht, mit einer bauklötzchenartigen Außenwelt auf der einen und einer bloß widerspiegelnden Wahrnehmung auf der anderen Seite. Tatsächlich aber existiert eine solche »objektive« vom wahrnehmenden Subjekt getrennte Außenwelt überhaupt nicht. »›Da draußen‹«, so der Kybernetiker Heinz von Foerster, »gibt es nämlich in der Tat weder Licht noch Farben, sondern lediglich elektromagnetische Wellen; ›da draußen‹ gibt es weder Klänge noch Musik, sondern lediglich periodische Druckwellen der Luft; ›da draußen‹ gibt es keine Wärme und keine Kälte, sondern nur bewegte Moleküle mit größerer oder geringerer durchschnittlicher kinetischer Energie und so weiter.« Das menschliche Gehirn, das Licht, Farben oder Musik wahrnimmt, ist deshalb mehr als nur ein Empfänger oder Spiegel, es ist Konstrukteur und Projektor der Realität – und muss sich mit anderen autonomen Konstrukteuren, seinen Mitmenschen, auf einen Konsens verständigen, was für die Welt »da draußen« gehalten wird.

Solange es kein Wort für die Farbe »Blau« gab, so lange war keine kommunikative Verständigung darüber möglich und konnte etwas »Blaues« nicht existieren – weshalb es zum Beispiel in der gesamten Erzählung Homers über die Irrfahrten des Odysseus eben auch nicht vorkommt, obwohl sie in einer für die Bläue ihres Meeres und des Himmels berühmten Region, der griechischen Ägäis, spielt und zahlreiche Wetterbeschreibungen enthält. Wenn aber die Wahrnehmung von »Blau«, wie jede Wahrnehmung, keine Repräsentation etwas real Vorhandenen ist, sondern eine aktive Inszenierung, sind Kriterien wie »Objektivität« oder »Wahrheit« obsolet – und »Wahrheit ist die Erfindung eines Lügners« (Heinz von Foerster).

9. Der Backster-Effekt – das Scheitern objektiver Wissenschaft

Im selben Augenblick, als John und Lisa in einem Hotel in San Diego mit dem Liebesakt beginnen, schlägt fünf Meilen entfernt, in einem Labor in der Innenstadt, ein Zeiger aus. Er gehört zu einem Messgerät, das die elektrische Aktivität einer Lösung weißer Blutkörperchen überwacht, die Lisa einige Stunden vorher dort gespendet hatte. Nach Beendigung der Zärtlichkeiten im Hotel gehen die Fluktuationen in der elektrischen Spannung zurück. In der Nacht, während die beiden schlafen, ruht auch der Zeiger, um dann wieder abrupt auszuschlagen – genau zu dem Zeitpunkt, als sich das Versuchspaar der sexuellen Morgengymnastik hingibt.

Was klingt wie der Anfang einer Science-Fiction-Story, gehörte zum Laboralltag im Institut von Cleve Backster. In den 1960er Jahren war Backster ein hoher Angestellter der amerikanischen Regierung; er hatte den Polygraphen mitentwickelt, das als »Lügendetektor« bekannt gewordene Gerät, das Veränderungen des elektrischen Widerstands der Hautoberfläche registriert. Als führender Experte auf diesem Gebiet unterrichtete er Polizei- und Sicherheitsbeamte aus aller Welt im Gebrauch von Lügendetektoren, so auch an jenem Tag im Jahr 1966, der sein Leben von Grund auf verändern sollte. In seinem Büro am New Yorker Times Square hatte er die Elektroden eines Lügendetektors an die Blätter einer Zimmerpflanze angeschlossen – und einen Ausschlag registriert, als er nur daran *dachte*, die Pflanze zu gießen. Sie zeigte dieselben Reaktionen wie ein Mensch, der bei einem Lügentest eine starke Emotion empfindet. Um sicher zu gehen, führte Backster sofort ein weiteres Experiment durch: Er beschloss, eines der Pflanzenblätter mit einem Streichholz zu verbrennen. In dem

Moment, wo er diesen Entschluss fasste, und bevor er ein Streichholz greifen konnte, sprang die Spannungskurve steil nach oben. Der Lügendetektor-Experte hatte den »Backster-Effekt« entdeckt, die sinnliche Wahrnehmungsfähigkeit von Pflanzen – und der Forscher gab seinen Job auf, um sich ganz der Biokommunikation zu widmen.

Zahlreiche Experimente in den vergangenen 25 Jahren haben Backsters erstaunliche Resultate bestätigt, viele davon beschreiben Peter Tompkins und Christopher Bird in ihrem klassischen Buch *Das geheime Leben der Pflanzen*, ohne dabei zu verschweigen, dass diese Experimente bei einigen Forschern absolut nicht funktionieren wollten. Zwar führen Backster und seine Kollegen dies auf mangelnde Einfühlung gegenüber den Pflanzen zurück, weil aber »Empathie«, »Gefühl« oder »Liebe« als Parameter naturwissenschaftlicher Experimente nicht zugelassen sind, ist der »Backster-Effekt« heute kein Hauptfach der Botanik, sondern gilt nach wie vor als Parapsychologie. Das Verrückte aber ist, dass er tatsächlich existiert. Als »unwissenschaftlich« oder »esoterisch« gilt die von Backster gemessene Interspezies-Kommunikation nur, weil sie eben nur bei einigen, aber nicht bei allen Versuchspersonen funktioniert – wahrscheinlich bei solchen, die gut mit Pflanzen umgehen können und denen der Volksmund dann den sprichwörtlichen »grünen Daumen« nachsagt. »Verifizierbar« und »reproduzierbar« im streng wissenschaftlichen Sinne aber ist dieses durchaus alltägliche Phänomen nicht, weshalb die objektive Wissenschaft bei seiner Beurteilung scheitert.

Ähnliches gilt für die Homöopathie, die phänomenale Heilerfolge mit Medikamenten erzielt, in denen nach wissenschaftlicher Ansicht keinerlei Wirkstoffe enthalten sind und deren Heilwirkung deshalb einzig und allein auf dem Placeboeffekt beruht. Merkwürdigerweise aber wirken die homöopathischen Präparate auch bei Kleinkindern und bei Tieren, denen selbst der vertrauenswürdigste Onkel Doktor beim besten Willen keine Placebowirkung eingeredet haben kann.

»Die Behauptung, dass die Enden der Würzelchen einer Pflanze wie das Gehirn eines niederen Tiers funktionieren, dürfte wohl kaum eine Übertreibung sein«, hatte Charles Darwin in seinem letzten Buch *Über das Bewegungsvermögen der Pflanzen* noch notiert. Auch wenn er vor der Theorie eines pflanzlichen Nervensystems zurückschreckte, weil ein solches einfach nicht zu lokalisieren war, gestand er den Pflanzen ein Empfindungs- und Wahrnehmungsvermögen durchaus zu. Und er wäre wohl spätestens von den Experimenten an der Annamalai-Universität südlich des indischen Madras überzeugt gewesen, wo der Leiter des botanischen Instituts, Professor W.T. Singh, schon in den 1950er Jahren die Stimulation des Pflanzenwachstums durch Musik nachweisen konnte. Durch die regelmäßige Beschallung mit klassischen Raga-Klängen erzielte er bei verschiedenen Versuchspflanzen erstaunliche Wachstumssteigerungen: Balsampflanzen etwa, denen ein Musiker täglich 25 Minuten auf einer siebensaitigen Veena-Laute vorspielte, hatten 72 Prozent mehr Blätter und waren 20 Prozent höher gewachsen als eine Kontrollgruppe.

Mag man solche, mittlerweile vielfach wiederholten und bestätigten Effekte – anders als der indische Raga oder auch Mozart hat zum Beispiel Punk-Musik eher nachteilige Wirkung auf das Pflanzenwachstum – noch der physikalisch messbaren Anwesenheit von akustischen Wellen zuschreiben, bleibt die Wirkung mentaler Zuwendung auf Pflanzen weiterhin ein Rätsel. Zumindest für eine objektive Wissenschaft, die an solchen Phänomenen scheitert und sie deshalb aus ihrem Kanon verbannt. Dem »grünen Daumen« und anderen paranormalen Erscheinungen tut das indessen keinen Abbruch.

Einen entspannten Umgang damit demonstrierte einst der berühmte Quantenphysiker Niels Bohr. Über der Eingangstür zu seinem Landhaus war ein Hufeisen an die Wand genagelt, was einen Besucher zu der Frage anregte, ob der Professor im Ernst daran glaube, dass ein Hufeisen über der Haustür Glück bringe. »Nein«, war die Antwort Bohrs, »ich halte bestimmt nichts von diesem Aberglauben. Aber wissen Sie«, fügte er hinzu, »man sagt, es bringt auch dann Glück, wenn man gar nicht daran glaubt.«

10. Höllenmaschinen des Scheiterns – wie der Ingenieur Edward Murphy ein universelles Naturgesetz entdeckte

Bei Tests mit einem Raketenschlitten wollte die amerikanische Luftwaffe 1949 erkunden, welche Beschleunigungen der menschliche Körper aushalten kann. Dabei wurden die Versuchspersonen mit sechzehn Sensoren ausgerüstet. Die teuren Tests schlugen jedoch fehl, weil sämtliche Sensoren falsch herum angebracht worden waren. Als sich an der Ursache dieses Fehlschlags nichts mehr deuteln ließ, formulierte einer der beteiligten Ingenieure, Edward A. Murphy, ein Gesetz über das Versagen von komplexen Systemen: »Wenn es zwei oder mehrere Wege gibt, etwas zu erledigen, und einer davon kann in einer Katastrophe enden, so wird jemand diesen Weg wählen.« Als »Murphy's Law« ist diese Lebensweisheit in einer geläufigeren Formulierung bekannt geworden: »Was schiefgehen kann, wird auch schiefgehen.«

Dass diese Regel – von mysteriösen Ausnahmen abgesehen – so eisern und unabänderlich gilt wie die Himmelsmechanik oder die Gesetze der Schwerkraft, hat die Wissenschaft mittlerweile an vielen Beispielen nachgewiesen. Murphy ist überall, und wie die Neutrinoteilchen zu Myriaden unsichtbar durchs Universum düsen, scheinen sich auch die Zonen des unausweichlichen Versagens ins Unendliche ausgebreitet zu haben. Fast ist man geneigt, eine Art Antimaterie des Scheiterns zu postulieren, die nicht nur dafür sorgt, dass das, was schiefgehen kann, auch wirklich schiefgeht, sondern die mittlerweile sogar schon Institutionen, bei denen eigentlich gar nichts schiefgehen kann, befallen hat.

Als mir ein Kollege unlängst berichtete, dass es ihm auf der Post nicht gelungen sei, eine Briefmarke zu kaufen, wollte ich es nicht glauben. Ein deutsches Postamt ohne

Briefmarke ist wie eine Eckkneipe ohne Bier oder ein Bäcker ohne Brot, also ein Ding der Unmöglichkeit. Als dann ein Päckchen einen Gang zur Post erforderte, ließ sich die Frage ohne Aufwand recherchieren: »Ich hätte dann gerne noch zwei Briefmarken, normales Briefporto.« – »Das tut mir leid«, antwortete die junge Dame hinter dem Tresen, »bei mir nur noch im Zehnerpack, Einzelmarken nur am Automaten.« Tatsächlich, es war also wahr, aber ich wollte es immer noch nicht glauben. Sicherheitshalber sprach ich in einem anderen Postamt vor – und die Recherche brachte dasselbe Ergebnis: »Einzelporto nur noch am Automaten.« Ich weiß nicht, wie lange ich nach Verlassen der Filiale noch wie ins Mark getroffen herumlief.

Wie wird die Welt aussehen, wenn das deregulierte, privatisierte und unternehmensberaterisch durchgestylte Unternehmen Post jetzt Schule macht und andere Dienstleister ansteckt? Einzelbiere in der Kneipe nicht mehr beim Kellner, sondern nur noch am Automaten? Brötchen beim Bäcker nur noch im Zehnerpack? Das kann nicht angehen – auch und gerade nicht für ein Unternehmen wie die Post, die im Zeitalter von SMS und E-Mail doch eigentlich für jeden »klassischen« Brief zutiefst dankbar sein müsste. Aber nein, irgendein hirnamputierter Effizienzberater hat sich mit der messerscharfen Einsicht durchgesetzt, dass sich der Verkauf von zehn Briefmarken kostengünstiger durchführen lässt als der von einer einzigen. Und bei der Entscheidung, ob man nun den Verkauf von Zehnerpacks nutzt, um den weniger einträglichen Einzelverkauf zu subventionieren, oder letzteren einfach abschafft, schlägt natürlich, wie weiland bei Murphys Originalsensoren, die Falschrum-Lösung gnadenlos zu. So wählte die Deutsche Post den Weg, der in der Katastrophe enden muss: der Unmöglichkeit, am Postschalter eine Briefmarke zu kaufen. Stattdessen sind wir nun für den Rest unserer Tage auf einen Automaten verwiesen, was natürlich keine Alternative ist. Das weiß jeder, der je ohne Kleingeld und mit einem zerknitterten Geldschein vor einem solchen Gerät stand. Ab sofort stehen sie also auch vor jedem Postamt – jene Altäre des Heiligen Murphy, die Höllenmaschinen des Scheiterns und Nichtfunktionierens.

11. Weiße Elefanten – das Scheitern technischer Großprojekte

»Und dann und wann ein weißer Elefant«, heißt es in einem bekannten Gedicht von Rainer Maria Rilke über das Karussell im Jardin du Luxemburg. Doch wer im alten Siam einen echten weißen Elefanten geschenkt bekam, für den konnte der Spaß bald vorbei sein. Zwar mehrte so ein seltener, religiös und mythologisch aufgeladener Albino Glanz und Ansehen seines Besitzers erheblich, aber weil das heilige Tier anders als seine normalgrauen Artgenossen nicht zur Arbeit eingesetzt werden durfte, brachte seine besondere Pflege enorme Unterhaltskosten mit sich, die so manchen Beschenkten ins Elend stürzten.

Wenn heute noch »dann und wann« von weißen Elefanten die Rede ist, werden damit in den Sand gesetzte technische Großprojekte bezeichnet. Der Begriff kommt aus der Sprache der Entwicklungshilfe, findet aber nicht mehr nur auf gescheiterte Hilfsprojekte in Entwicklungsländern, sondern auch auf hiesige Investitionsruinen und Fehlplanungskathedralen Anwendung. Eklatante Beispiele sind etwa der Schnelle Brüter in Kalkar und der Rhein-Main-Donau-Kanal oder, gerade noch im Werden begriffen, aber schon absehbar, der neue unterirdische Stuttgarter Hauptbahnhof. Der Historiker Dirk van Laak hat ein ganzes Buch mit dem Titel *Weiße Elefanten* (1998) über das Scheitern technischer Großprojekte zusammengestellt, auch über solche, die uns gerade noch erspart blieben, wie etwa Albert Speers und Adolf Hitlers gigantomanische Hauptstadt »Germania« oder der von Josef Stalin und Mitrofan Dawydow ausgeheckte »Plan zur Umgestaltung der Natur«, mit dem sie die sibirischen Flüsse umleiten wollten. Auch dass die Ideen, die der Münchner Baumeister Hermann

Sörgel seit 1927 hegte, ein Papiertiger blieben und sich nicht zu einem weißen Elefanten auswuchsen, ist ein Segen, denn er wollte die Straße von Gibraltar mit einem Damm verschließen und das Mittelmeer teilweise trocken legen. Auch wenn der Visionär und Pazifist Sörgel nur Gutes im Sinne hatte und so unter anderem Afrika bewässern und begrünen wollte, ist das Scheitern seines »Atlantropa«-Projekts vielleicht das Beste, was der Nachwelt passieren konnte.

Anfällig für weiße Elefanten aller Art sind aber weniger Gutmenschen und Weltbeglücker aller Art, denen ja zumeist die Mittel fehlen, es sind vor allem Diktatoren und andere Mächtige, bei denen Prestigesucht und Geltungswahn eine fatale Liaison eingehen. Der Diktator und der Ingenieur (Hitler/ Speer oder Stalin/Dawydow) bilden dann ein Traumpaar schlechthin. Abwärts von derlei Spitzenleistungen des Scheiterns sind gescheiterte Größenwahnprojekte freilich auch bis hinunter in die Dorf-und Gemeindeebene verbreitet – von abhebenden Landesfürsten, die wie in Brandenburg die größte Halle Europas für eine nie gestartete Zeppelin-Produktion in den Sand setzen, bis zu den Aberdutzenden Bürgermeistern von Kleinkleckersdörfern mit ihren überdimensionierten Klärwerken.

Zur Frage, wie es dazu kommt, welche Form kollektiver Euphorie dazu führt, dass solche Weißen Elefanten überhaupt entstehen und über das visionäre Planungsstadium hinauskommen können, schreibt die *Neue Zürcher Zeitung* (15.12.1999) : »Vielleicht liefert dazu die Spieltheorie eine befriedigende Antwort, und zwar sowohl für die Planungsphase als auch für die Anfangsphase der Realisierung, die ja beide ihre eigenen Euphorien hervorbringen. Weiße Elefanten können als das kollektiv irrationale Ergebnis eines Spiels mit von ihrer Absicht her rationalen Spielern beschrieben werden. Wie Otto

Keck behauptet, ist im Fall von weißen Elefanten der Spielverlauf als soziale Interaktion dadurch gekennzeichnet, dass das Feedback über Irrtümer grundsätzlich gestört sei und dass diese Störung des Feedbacks sich deshalb über längere Zeiträume stabilisieren lasse, weil alle Spieler einen Abbruch des Spiels befürchten müssten. Deshalb dürfen weiße Elefanten nicht sterben, wenigstens in der Öffentlichkeit nicht, oder sie dürfen es nur dann, wenn sich aufgrund eines strukturellen Wandels im politischen System der desaströse Spielverlauf propagandistisch ausschlachten lässt. Daher ziehen sich die meisten weißen Elefanten zum Sterben zurück.«

Ganz aussterben werden sie indessen nie …

12. Irren ist menschlich – aber wenn irgendetwas richtig daneben gehen soll, braucht es schon einen Computer

Dass es sich bei Murphys Gesetz nicht um einen Gag handelt, auch nicht um eine x-beliebige Lebensweisheit, sondern um eine Art Naturgesetz, wird deutlich, wenn wir den physikalischen Begriff der Entropie ins Spiel bringen. Dieser besagt, dass die Teilchen des Universums stets einen Zustand maximaler Unordnung anstreben. Dieser Hang zur Unordnung lässt sich berechnen, doch müssen wir dabei gar keine unverständlichen Formeln zur Thermodynamik irreversibler Prozesse herbeizitieren, sondern bloß einen Gegenstand ins Auge fassen, der scheinbar friedlich und unschuldig jedermanns und jederfraus Schreibtisch ziert: den »Personal Computer«.

Als ich mir vor mehr als zwanzig Jahren das erste Gerät dieser Art zulegte, verdiente es wirklich noch den Zusatz »persönlich«, denn ohne großen persönlichen Einsatz, mit dem man sich zum Techniker und Programmierer fortbilden musste, um so einen Apparat überhaupt bedienen zu können, ging schon mal gar nichts. Einen einfachen Drucker anzuschließen konnte leicht mehrere Stunden kosten, weil man dazu in den Tiefen der Systemdateien herumwuseln und immer neue Befehle eintippen musste – ein wahres Minenfeld des Murphyismus, denn ein Leerzeichen zuviel oder ein »/« zu wenig entschieden hier über Sein oder Nichtsein. Und wenn – oft genug – Letzteres eintrat, dann blieb der Schirm schwarz, und die Kiste machte keinen Mucks mehr. Es waren die Zeiten von MS-DOS – und dass sich Bill Gates mit der gesamten PC-Welt verschworen haben muss, die Unausweichlichkeit des Scheiterns stets und immerdar unter Beweis zu stellen, ist seitdem mehr als offensichtlich geworden. Als gesicherte Erkenntnis dürfen wir festhalten: Murphys Gesetz wird durch Computer optimiert. Was soviel heißt wie: Irren ist menschlich, aber wenn irgendetwas richtig daneben gehen soll, braucht es schon einen Computer.

Wenn Sie es nicht glauben, fragen Sie den IT-Verantwortlichen Ihrer Firma oder irgendeinen Fachmann aus der Branche, die Murphys einfaches Gesetz mittlerweile mit Dutzenden von Ableitungen versehen musste: »Hinter jedem geöffneten Fenster deiner Benutzeroberfläche wartet eine Computerpanne auf den ungünstigsten Zeitpunkt, um erbarmungslos zuzuschlagen.« – »In der Welt der EDV enden Pannen nicht, sondern gehen, einander überlappend, ineinander über.« – »Das Gesetz, dass alles, was schiefgehen kann, auch schiefgeht, wird durch den Computer optimiert, von grafischen Benutzeroberflächen zu ungeahnter Vollkommenheit ausgebaut und durch Online-Systeme weltweit verbreitet.«

Das Elend ist so allgemein, dass Bill Gates bei Microsoft sogar eine Sammelstelle dafür eingerichtet hat. Wenn Windows XP abstürzt, will es sofort einen Bericht darüber absenden. Aufgrund statistischer Erhebungen und Schätzungen haben Experten errechnet, dass pro Jahr mindestens 30 Milliarden solcher Berichte bei der Firma eingehen. Was mit dieser Pannenstatistik geschieht, weiß zwar niemand so recht – zumindest aber kann sich der schlaue Bill jetzt leicht ausrechnen, warum er so schnell zum reichsten Mann der Welt wurde. Mindestens 30 Milliarden Mal im Jahr arbeiten Menschen unfreiwillig für ihn und bessern kostenlos seine Fehler aus …

Mit dem Siegeszug des Personal Computers hielt aber nicht nur Murphys Gesetz auf jedem Schreibtisch Einzug, auch das Wort »Absturz«, bis dahin eigentlich nur in der Fachterminologie von Kletterern und Kampftrinkern gebräuchlich, wurde zu einer absolut geläufigen und gefürchteten Bürovokabel.

Genau betrachtet kein Wunder, denn schon bei der Erfindung des PCs ging so ziemlich alles schief, was schiefgehen kann, zumindest aus Sicht derer, die ihn eigentlich hätten erfinden müssen.

Die großen Büromaschinenhersteller wie IBM, die lieber weiter an teuren Großrechnern bastelten, als sich vorzustellen, was Otto Normalverbraucher auf dem Schreibtisch im Büro oder gar zu Hause mit einem Computer anfangen soll, schickten Anfang der 1970er Jahre zwei Hippies und Technikfreaks wieder nach Hause, die ihnen den Vorschlag eines Desktop-Computers machten. Zurück in ihrer Garage bastelten Steve Wozniak und Steve Jobs dann »Apple 1« zusammen – und läuteten damit das Informationszeitalter ein. Erst als die Geräte mit dem angebissenen Apfel schon ein Welterfolg waren, kamen die Industriegiganten von IBM auf den Trichter. Und wie es so ist, wenn es pressiert, weil man etwas verschlafen hat, schlägt ausgerechnet dann St. Murphy gnadenlos zu. Die Superingenieure von »Big Blue« konnten zwar billige Computerkisten bauen, aber hatten kein Betriebssystem, mit dem man sie zum Laufen bringen konnte, und selbst eines zu entwickeln, dazu blieb angesichts der Millionenverkäufe von Apple keine Zeit. Und so schlug die Stunde eines pickligen jungen Studenten namens Bill Gates, der in seiner Winzfirma »Microsoft« ein solches Betriebssystem gerade entwickelt hatte und dem es gelang, den in Panik geratenen Riesen IBM über den Tisch zu ziehen.

Fortan musste in jeden IBM-PC dieses Betriebssystem, Microsoft DOS, eingebaut werden, und Bill Gates wurde in Windeseile zum reichsten Mann der Welt. Für ihn und die Seinen sicher ein schöner Umstand, für den Rest der Welt jedoch, für Millionen von Usern und Userinnen, der größte anzunehmende Unfall. Irgendwo mag ein Statistiker schon ausgerechnet haben, wie viele zig Milliarden Dollar die Milliarden Stunden an Bastelei bisher gekostet haben, die durch nicht funktionierende MS-DOS- oder Windows-Rechner verursacht wurden – mit Sicherheit ließe sich der Welthunger oder ein anderes globales Großproblem mit dieser Summe beseitigen. So wanderte sie allein in den Aufwand, eine noch nicht funktionierende Technik halbwegs zum Laufen zu bringen. Insofern ist der Vergleich berechtigt, der seit langem im Internet kursiert und beschreibt, was geschehen würde, wenn etwa der Autohersteller General Motors ein Produkt von einer Qualität wie Microsoft auf den Markt gebracht hätte:

- Ihr Auto hätte ohne erkennbaren Grund zweimal am Tag einen Unfall.
- Jedesmal, wenn neue Fahrbahnmarkierungen aufgetragen werden würden, müssten Sie sich ein neues Auto kaufen.
- Gelegentlich ginge Ihr Auto ohne erkennbaren Grund auf der Autobahn einfach aus, und Ihnen bliebe nichts anderes übrig, als das einfach zu akzeptieren, neu zu starten und weiterzufahren.
- Wenn Sie bestimmte Manöver durchführen wollten, also etwa links abbiegen, ginge der Motor Ihres Wagens einfach aus, ohne dass Sie ihn wieder anlassen könnten. Sie müssten stattdessen den Motor erneut installieren.
- Die Öl-Kontroll-Leuchte, die Warnlampen für Temperatur und Batterie wären durch eine »Genereller Auto-Fehler«-Warnlampe ersetzt.
- Das Airbag-System würde fragen: »Sind Sie sicher?«, bevor es auslöste.
- Gelegentlich würde Ihr Auto Sie ohne jeden erkennbaren Grund aussperren. Sie könnten nur wieder mit einem Trick aufschließen, und zwar müssten Sie gleichzeitig den Tür-

griff ziehen, den Schlüssel drehen und mit einer Hand an die Radioantenne fassen.

- Immer dann, wenn GM ein neues Modell vorstellen würde, müssten alle Autofahrer das Autofahren neu erlernen, weil keiner der Bedienhebel genau so funktionieren würde wie in den alten Autos.
- Sie müssten den »Start«-Knopf drücken, um den Motor auszuschalten.

Das soll genügen, um allemal klarzumachen, was geschehen wäre, wenn zu Beginn des Automobilzeitalters eine ähnlich unfertige Technologie ausgeliefert worden wäre, wie es IBM, Microsoft & Co. ihren Kunden seit Jahrzehnten zumuten …

Die Windows-Witze im Internet, mit denen der paradoxe Irrsinn der Betriebssysteme und Programme aus dem Hause Microsoft aufgespießt wird, sind Legion. Einer der besten Klassiker geht so: »Weil das Radar seines Hubschraubers ausgefallen war, hatte ein Pilot im Nebel die Orientierung verloren. Als er die Gebäude einer Stadt entdeckte, flog er dicht an ein Hochhaus heran, so dass die Belegschaft eines Büros auf ihn aufmerksam wurde. Er hielt ein Blatt mit der Frage ›Wo bin ich?‹ ans Fenster, worauf die Büroleute mit der Nachricht antworteten: ›In einem Hubschrauber!‹ – ›Da wusste ich, wo ich war‹, so der Pilot, ›das konnte nur die Zentrale von Microsoft sein. Niemand sonst auf der Welt gibt auf einfache Fragen derart nutzlose Antworten.‹«

Seit das britische Wissenschaftsmagazin *New Scientist* in seiner Feedback-Spalte – einer Art »Hohlspiegel« der Wissenschaft – vor einigen Jahren einige kuriose Fehlermeldungen abdruckte, wird das Blatt regelmäßig mit merkwürdigen »error messages« versorgt, die perplexe Leser von ihren Computern empfangen. Meldungen wie »Unbekannter Irrtum aufgrund unbekannter Fehlfunktion eines unbekannten Geräts« sind dabei noch das Harmloseste. Dass Computer keine Ahnung haben, wussten wir ja schon länger. Die Nachricht »Ein unentdeckbarer Irrtum hat sich ereignet« geht schon einen Schritt weiter, denn wie kann ein Rechner etwas entdecken, das er selbst für »undetectable« hält? Hat er etwa göttliche Funktionen? Daran könnte man glatt glauben, wenn man die Fehlermeldung liest, die ein Unix-Benutzer empfing, als er ohne korrekte Anmeldung die »Talk«-Einrichtung seines Programms nutzen wollte und rausgeschmissen wurde, mit dem Kommentar: »Go away. You don't exist.«

An den Maler Magritte und die Dichterin Gertrude Stein gemahnt die neodadaistische Meldung: »This is not a typewriter.« Doch während dieser Rechner zumindest noch weiß, was er nicht ist, blieb ein anderer völlig vage: »Error: Disk is full, or something ...« – irgendwas wird schon faul sein. Ebenfalls in diese Richtung geht eine meiner Lieblingsmeldungen: »Probably a hardware or software error.« Das »vielleicht« ist einfach genial, es tut probabilistisch so, als ob es außer der Kiste und dem Programm noch etwas Drittes gäbe. Das ist immerhin freundlich, anders als die rüde Nachricht, die jemand empfing, als er den Handbuch-Ratschlag »Press F1 for Help« befolgte: »There is no help here!« Ähnlich dreist war auch schon der alte Amiga-Rechner meines Sohnes, der nach jedem Absturz eine Zwangsmeditation forderte und hämisch »Guru Meditation« blinkte.

Bei so viel selbstreferentiellem Irrsinn – toll ist auch: »Keyboard not found. Press any key to continue« – lobe ich mir doch die berühmte Error-Meldung aus der Computersteinzeit Anfang der 1980er Jahre. Damals startete die *taz* als erste deutsche Tageszeitung ins elektronische Zeitalter und installierte in der Säzzerei ein Computernetzwerk, auf dem man

Texte eingeben und zum »Belichter« schicken konnte. Wenn irgendetwas schiefging, blinkte auf dem dunklen Monitor die grüne Fehlermeldung »Karl fragen«. Da der Kollege Karl Wegmann – Krimi-Experte und »PC« (»Production Controller«) – in Rufweite hockte und fast immer da war, gab's fast nie ein Problem. Wahrscheinlich hatte sich Bill Gates das auch mal so gedacht – war aber leider nix. Statt all dieser Irrsinnsmeldungen könnten sich die Erroristen der Computerbranche aber zumindest auf einen kosten- und hirnschmalzsparenden Standard einigen: ask Bill!

13. Das Scheitern der Statistik – auf statistische Monokulturen ist keinerlei Verlass

Statistiker müssen penibel sein, denn die Qualität ihrer Arbeit ist leicht zu überprüfen. »Wer öffentlich kegelt muss auch nachzählen lassen, wieviel er getroffen hat«, meinte schon der Alte Fritz – zwar in anderem Zusammenhang, aber sehr passend für die statistische Zunft und ihren Zwang zur Genauigkeit. Dennoch leidet die Branche unter einem denkbar schlechten Ruf. Kaum fällt irgendwo das Stichwort »Statistik«, folgt im anschließenden Kommentar auch schon das abwertende Diktum Winston Churchills: »Ich glaube nur der Statistik, die ich selbst gefälscht habe.« Ein Satz, der in doppelter Hinsicht falsch ist. Denn zum einen stammt er gar nicht von Churchill, sondern wurde ihm vom deutschen Propagandaminister Joseph Goebbels in den Mund gelegt, und zum anderen ist kaum etwas so leicht nachweisbar wie eine gefälschte Statistik. Weshalb man den peniblen Datensammlern bei den statistischen Ämtern und Institutionen unrecht tut, wenn man sie als plumpe Fälscher abklassifiziert.

Dass in Statistiken dennoch häufig der Wurm steckt und Murphys Gesetz auch vor den exaktesten Zahlenwerken nicht halt macht, hat vielmehr einen tieferen Grund – und der ist noch viel unheimlicher als sinistre Staatsmänner, die mit manipulierten Statistiken schummeln, um die reale Neuverschuldung oder die wirklichen Arbeitslosenzahlen zu vertuschen. Entdeckt wurde das Debakel erst in den 1980er Jahren, als Charles Goodhart, der Ökonomieprofessor und Chefberater der Bank von England, die volkswirtschaftlichen und geldpolitischen Statistiken genauer unter die Lupe nahm und Erstaunliches feststellte. Kaum etwa hatte die Zentralbank eine Regel aufgestellt, an der sie ihre Geldpolitik orientieren wollte, veränderten sich die ökonomischen Verhältnisse, auf denen diese Regel beruhte. Nachdem ihm diese Merkwürdigkeit auch noch bei anderen volkswirtschaftlichen Daten aufgefallen war, formulierte Goodhart eine Regel, die als »Goodhart's Law« bekannt wurde: »Jede beobachtete statistische Regelmäßigkeit tendiert dazu zusammenzubrechen, sobald zu Kontrollzwecken Druck auf sie ausgeübt wird.«

Dass die Bank von England die Website ihres bis 2002 amtierenden Beraters, auf der er dieses Gesetz und seine Konsequenzen formuliert hatte, mittlerweile aus dem Netz genommen hat, wundert kaum. Goodharts Gesetz ist den Zentralbankern heute so wenig geheuer wie der klassischen Physik in den 1920er Jahren Werner Heisenbergs Unschärferelation. Heisenberg hatte die Fachwelt mit der später nobelpreisgekürten Behauptung geschockt, dass in der subatomaren Welt der Quanten keine exakten Beobachtungen möglich sind, weil jede Beobachtung den Messgegenstand beeinflusst. Ursache und Wirkung sind dort also nicht auseinanderzuhalten – und nichts anderes hatte Goodhart nun festgestellt, allerdings nicht für den Mikrokosmos, sondern für die Makroökonomie. Ganz ähnlich wie in der Welt der Quanten gilt auch hier, dass, wenn der Beobachter seine Aufmerksamkeit abwendet, alles wieder in seine statistische Ordnung zurückspringt.

Als sich zum Beispiel in den 1970er Jahren die Wirtschaftspolitik an der berühmten »Phillips-Kurve« orientierte, nach der hoher Beschäftigungsgrad und niedrige Inflation sich gegenseitig ausschließen, spielte diese statistische Regelmäßigkeit plötzlich verrückt: Trotz steigenden Beschäftigungsgrads wurde das Geld zeitweilig sogar mehr wert statt inflationär weniger. Nachdem sich die Politik dann von diesem Indikator abgewandt hatte und sich mehr auf andere statistische Verhältnisse verließ, tauchte die Regelmäßigkeit der »Phillips-Kurve«

wieder auf und kam in den 1990er Jahren in modifizierter Form auch wieder zu wissenschaftlichen Ehren. Auch der weltweit überraschende Zusammenbruch der Sowjetökonomie findet in Goodharts Gesetz eine Erklärung, denn jahrzehntelang war der Kreml nur auf den Indikator »Produktionssteigerung« fixiert – selbst dann noch, als offensichtlich war, dass die Statistiken auf ihrem langen Weg von der kleinen Kolchose zum großen Zentralkomitee längst unbrauchbar geworden waren.

Eingedenk von Murphy und Goodhart scheint für Ökonomie dasselbe zu gelten wie für die Ökologie: Nur Diversifizierung – also Vielfalt – garantiert Stabilität. Auf statistische Monokulturen hingegen ist keinerlei Verlass …

14. Sisyphos im Schwarzen Loch – wie St. Murphy als Schutzpatron des Scheiterns für Fortschritt sorgt

Jedes Scheitern bietet neue Chancen, durch jeden Fehlschlag ergibt sich die Möglichkeit eines Neuanfangs. Wer sich etwa einer Fasten-Meditation befleißigt und sich dabei vor die Schaufenster einer der Filialen des Berliner Delikatesshändlers »Butter Lindner« verirrt, dem kann es gelingen, sich Sisyphos als glücklichen Menschen vorzustellen. Als einen, der den ganzen Tag fröhlich Butter klopft, weil es dafür am Abend leckeren Vanillequark gibt – zur Stärkung, damit er am nächsten Tag wieder fröhlich Butter klopfen kann. Dass es für so einen Sisyphos am Butterfass einfach nichts Schöneres gibt, als entspannt Butter zu klopfen, können wir uns als neuzeitliche Hektiker nur deshalb so schwer vorstellen, weil wir uns die Unausweichlichkeit des Scheiterns so schwer vorstellen können – und das Glück des gelassenen Butterklopfens deshalb nicht zu schätzen wissen.

Dafür haben wir mit unseren hochmodernen Instrumenten weit entfernte, aber dafür umso furchterregendere Dinge entdeckt, die das Scheitern, das Nichtfunktionieren, den allgemeinen und ewigen Murphyismus in astronomische Dimensionen katapultiert haben. Die Rede ist von den so genannten Schwarzen Löchern, wie die Astrophysiker seit den 1960er Jahren bestimmte Zonen des Universums bezeichnen, die Raum, Zeit und alles, was sich ihnen nähert, staubsaugerartig ansaugen und in einem angeblich raum- und zeitlosen Nichts verschlucken – auf Nimmerwiedersehen. Dieses »Singularität« genannte Innere eines Schwarzen Lochs könnte als Paradies, Eldorado und Siebenter Himmel des Nichtfunktionierens angesehen werden: Wenn keine Zeit mehr da ist, in der, und kein Raum, in dem etwas funktionieren kann, ist das Scheitern perfekt und absolut. Hinter dem »Ereignishorizont«, wie die Physiker den Rand des Schwarzen Lochs nennen, geht einfach gar nichts mehr. Doch was meldet das britische Wissenschaftsmagazin *New Scientist* Anfang 2005? Neue Erkenntnisse und Berechnungen haben nicht nur zu der Annahme geführt, dass Schwarze Löcher möglicherweise gar nicht so schwarz sind wie ursprünglich gedacht, sondern darüber hinaus »auch Zweifel geweckt, ob es sich dabei überhaupt um Löcher handelt«.

Schwarze Löcher sind also weder schwarz noch löchrig – das behaupten nicht irgendwelche Quatschköpfe einer Comedy-Show, sondern die Koryphäen der Astrophysik. Sehr witzig, oder, wie man im Sinne Einsteins vielleicht genauer formulieren sollte: »relativ komisch«. Denn der berühmteste Physiker der heutigen Zeit, Stephen Hawking, verdankt seinen Ruhm ausgerechnet der Erforschung jener Schwarzen Löcher und der Berechnung der ihnen angeblich entweichenden Strahlen, die nach ihm denn auch »Hawking-Strahlung« genannt wurde. Nach seinem Weltbestseller *Eine kurze Geschichte der Zeit* schreibt er gerade an der Fortsetzung, die *Eine sehr kurze Geschichte der Zeit* heißen wird. Wir sind gespannt, ob er um der Kürze willen die Schwarzen Löcher und ihre Strahlung einfach weglässt – oder uns erklärt, was denn Schwarze Löcher sind, wenn ihnen sowohl die Eigenschaft der Schwärze als auch die eines Lochs abgeht.

Wie auch immer, dank des unlöchrigen, nicht-schwarzen Lochs können wir außer Murphys Gesetz jetzt auch so etwas wie Murphys Paradox definieren: Alles, was schiefgehen kann, geht zwar auch schief – aber das gilt auch für dieses Gesetz selber, weshalb ausgerechnet dort, wo per definitionem gar nichts mehr gehen soll, auf einmal bestimmte Dinge funktionieren. In der Hölle des Scheiterns tut sich ein Stück Himmel auf, noch mitten im Schwarzen Loch lächelt der Buddha … beziehungsweise um mit dem Astrophysiker Udo Lindenberg zu sprechen: »Hinterm Horizont geht's weiter …« So sorgt St. Murphy, der Schutzpatron des Schiefgehens und Scheiterns, dann eben doch auch immer wieder für Fortschritt.

15. Bye-bye, Big Bang – schon beim Urknall ging alles schief

Wenn sich schon herausgestellt hat, dass die Schwarzen Löcher weder schwarz noch Löcher sind, dann sollte es uns eigentlich nicht überraschen, dass auch der Urknall, mit dem das Universum begann, ein Fehlschlag war. Alles deutet vielmehr darauf hin, dass der Big Bang weder »big« noch ein »bang« war. Weil aber die Idee eines Big Bang für unsere wissenschaftlichen Institutionen ebenso fundamental ist wie zu Zeiten Galileis die Vorstellung von der Erde als Mittelpunkt des Universums, sträuben sich die astrophysikalischen Gralshüter gegen die Aufgabe liebgewordener Glaubenssätze und verweigern – ihres Weltbilds und der Forschungs- und Fördermittel willen – den Blick durch das Fernglas. Vor allem den durch das Teleskop des Astronomen Halton Arp, dessen Beobachtungen das Urknall-Modell des Universums widerlegen. In den USA, wo er seit den 1960er Jahren forschte, wollte man von seinen ketzerischen Erkenntnissen nichts wissen und reduzierte die Teleskopzeiten des Professors so massiv, dass er nach Deutschland auswanderte und im Max-Planck-Institut heimisch wurde.

Als schlagender Beweis für die Richtigkeit der Urknallhypothese galt bisher die so genannte »Rotlichtverschiebung«, nach der sich observierte Lichtstrahlen umso stärker ins Rötliche verschieben, je weiter sich die Strahlungsquelle entfernt. Da seit dem Big Bang vor 15 Milliarden Jahren alles auseinander stiebt und die Astronomen deshalb von einem expandierenden Universum ausgehen, gelten die Himmelskörper mit der stärksten Rotlichtverschiebung als die ältesten. Mit Arp Halton nun ist diese Verwendung des Rotlichts als Geschwindigkeits- und Entfernungsmesser erschüttert worden: Er entdeckte

»uralte« Quasare mit einer hohen Rotverschiebung, die sich eigentlich schon jenseits des sichtbaren Universums befinden müssten, in nächster Nähe zu sehr jungen, schwach rötlichen Galaxien. Ein Ding der Unmöglichkeit.

Seeing Red lautet der doppeldeutige Titel eines Buchs, das er 1998 darüber veröffentlichte – nicht nur hatte er als einer der führenden Beobachtungsastronomen etwas Rotes da entdeckt, wo es nicht sein dürfte, auch das wissenschaftliche Establishment sah rot, denn mit diesen Bildern war ihrer liebgewordenen Urknalltheorie der Boden entzogen. Deshalb verweigert die Mehrheit der Wissenschaftler lieber den Blick durch Haltons Teleskop – oder sie übt sich, angesichts der Evidenz, im wortreichen Wegerklären. Und so gilt Arp Halton als »widerlegt« und der Big Bang samt expandierendem Universum weiterhin als unangefochtenes Standardmodell. In Wirklichkeit verlief aber alles ganz anders – und ohne hier jetzt in kosmogonische und kosmologische Details einzusteigen, können wir zumindest eines sicher feststellen: Am Anfang war Murphys Gesetz, und schon beim Big Bang ist deshalb alles schiefgegangen. Möglicherweise hat es nicht einmal geknallt oder es waren viele kleine Mini-Bangs statt einem großen Wumm, weshalb jetzt eben nicht alles schön gleichmäßig auseinander, sondern ziemlich durcheinander fliegt und sich uralte Quasare in Teenager-Galaxien tummeln.

Wie auch immer, die Kulturhistoriker der Zukunft werden uns einst in eine Reihe stellen mit den Naturvölkern, die ihre Kosmologien und Welterklärungen aus der sie umgebenden Umwelt schöpften – um im Zeitalter des Explosionsmotors, des Automobils und der Atombombe dann eine phantastische Ur-Explosion zu erfinden und haarklein zu »beweisen« … Zugegeben fällt es schwer, dem guten alten Big Bang »Bye-bye« zu sagen, ohne gleich in großes »Hallo« für ein neues, besseres Modell auszubrechen. Diskreditierte Weltbilder sterben langsam, selbst wenn sie, wie der Big Bang, der Logik eigentlich Hohn sprechen. Denn wenn alles in einem großen Knall entstanden sein soll, müssten ja zuvor schon die physikalischen Gesetze, nach denen es knallt, existiert haben. Ohne Knallgesetz keine Explosion. Wer also weiter an den Big Bang glaubt, muss auch an das Knallgesetz glauben – und bewegt sich damit, was die Kuriosität seines Glaubensmodells betrifft, durchaus auf dem Niveau der Kreationisten, die annehmen, der liebe Gott hätte die Erde am 18. Januar 4777 v.Chr. um 16 Uhr geschaffen. Wobei der Vorteil dieses Modells immerhin darin besteht, dass ein solcher Schöpfungsakt halbwegs geräuschlos vonstatten gegangen sein dürfte.

16. Fertig machen zum Beamen! Einsteins Scheitern blieb relativ unbemerkt …

Im Sommer 1995 starb in Genf 62-jährig der Physiker John Bell – *relativ* unbemerkt, wenn man bedenkt, dass er es war, der das bedeutendste wissenschaftliche Werk des letzten Jahrhunderts – die Relativitätstheorie – mathematisch widerlegt hat. 1965 bewies er in seiner als »Bells Theorem« bekannt gewordenen Ungleichung, dass Quantenpartikel augenblicklich in Interaktion treten können, auch wenn sie im Raum weit voneinander getrennt sind. Was Einstein als »gespenstische Fernwirkung« bezeichnet hatte und nie akzeptieren wollte, stellte Bell auf ein solides mathematisches Fundament.

Anfang der 1980er Jahre bewiesen dann der französische Quantenoptiker Alain Aspect und seine Kollegen experimentell, dass zwei Photonen, die irgendwann miteinander in Kontakt waren, fortan ihr Verhalten aufeinander abstimmen und dass der Signalaustausch zwischen ihnen unmittelbar, in Überlichtgeschwindigkeit, erfolgt. Womit dieser Signalaustausch gegen das einzige Absolutum verstößt, welches die totale Relativität im Einstein-Universum regiert: die unüberschreitbare Geschwindigkeit des Lichts. Mit der Bellschen Ungleichung war Einsteins berühmte Formel »$E=mc^2$« obsolet geworden – ein Schock, von dem sich die Physik bis heute nicht erholen konnte, weshalb sie es vorgezogen hat, diese Ungleichung noch kaum zur Kenntnis zu nehmen.

Alle lieben Einstein, aber keiner kennt John Bell – auch wenn namhafte Kollegen seine Arbeit als die bedeutendste wissenschaftliche Entdeckung der letzten Jahrzehnte bezeichnet haben. Dies hat mit einem Berg von philosophischen Problemen zu tun, den die Quantentheoretiker schon in den 1920er Jahren aufgeworfen hatten und den

Bells Theorem Mitte der 1960er Jahre zementierte – ein bizarres Gebirge, dessen Abtrag den höchsten Preis fordert, der überhaupt entrichtet werden kann: die Aufgabe unseres Konzepts von Realität.

Nach Werner Heisenbergs Schlussfolgerung aus der »Unschärferelation« ist die Welt in gewissem Sinne nicht real. Sie existiert in einer Wahrscheinlichkeitswolke von Möglichkeiten (der so genannten »Wellenfunktion«) und nimmt erst dann eine Gestalt an, wenn ein Beobachter bewusst mit ihr in Wechselwirkung tritt – es gibt keine Objektivität, kein unabhängig von Idee und Willen des Betrachters existierendes Universum. Erst *nachdem* das menschliche Maßsystem Maß genommen hat, treten die Naturgesetze in Aktion.

Dass es hinter dieser unheimlichen Welt der Quanten letztlich doch nach den Gesetzen der klassischen Physik zugehen würde und die Naturgesetze nur scheinbar außer Kraft gesetzt sind – diese Hoffnung Einsteins ist durch Bells Theorem und Aspects Bestätigung widerlegt. Ebenso wie die Erkenntnis des Jahrhundertgenies, dass ein solches nicht-örtliches, Raum und Zeit ignorierendes Universum – wie das der beiden unmittelbar kommunizierenden Teilchen – bedeutungslos und metaphysisch sei. Seit Bells Theorem ist klar, dass einiges, wenn nicht das meiste, was gemeinhin Metaphysik genannt wird, zur harten Naturwissenschaft werden muss – oder aber die Wissenschaftler geben unumwunden zu, dass es ihnen einfach nicht möglich ist, die Natur zu erklären.

Die Konsequenzen aus den Berechnungen des John Bell sind außerordentlich: Entweder existiert das Universum wirklich in einem Äther, jenem von Einstein abgeschafften astralen Fluidum, das als Medium dieser Übertragungen fungiert. Oder aber unser Orts-Sinn ist falsch, es existiert keine Lokalität im physikalischen Sinne – etwas, was an einem Ort ist, kann sehr wohl auch an einem anderen physikalisch präsent sein.

Auf die Frage, an welchem Aspekt seiner Ungleichung er lieber festhalten würde – an der Existenz einer beobachterabhängigen Realität oder an der Signalübertragung in Überlichtgeschwindigkeit –, antwortete Bell: »Das kann ich wirklich nicht sagen. Ich habe hier keine Lösung anzubieten. Wir befinden uns in einem Dilemma, in einem, wie ich glaube, grundlegenden Dilemma, das keine einfachen Lösungen zulässt; es verlangt nach einem grundlegenden Wandel unserer Vorstellung von der Wirklichkeit. Aber die billigste Lösung ist, meiner Meinung nach, zu einer Realität zurückzukehren, wie sie vor Einstein existierte, als Männer wie Lorentz und Poincaré einen Äther postulierten.«

Wenn aber kein Äther, was ist es dann, was sich überlichtschnell bewegt? Mit Bells Theorem ist Fiction anscheinend endgültig mit Science verschmolzen: Berühmte und nobelpreisgekürte Physiker haben die bizarrsten Spekulationen in den Bereich des Faktischen gerückt. Die Überlegung, dass es »Informationen ohne Transportsystem« geben, dass es nichtmaterielle Kommunikation sein könnte, die alles Geschehen regiert, gehört noch zu den einleuchtendsten Schlussfolgerungen. Telepathie, Telekinese, UFOs, Zeitreisen und weitere Paranormalitäten bedürften auf diesem Hintergrund einer völligen Neubewertung – und so nimmt es nicht Wunder, dass Bells Entdeckung bis heute eher im Verborgenen blüht. Zumal es ihm selbst sehr viel lieber gewesen wäre, wenn seine Berechnungen zu dem Ergebnis geführt hätten, das Einstein sich seinerzeit wünschte: die Quantenmechanik ad absurdum zu führen. Doch er hat ihre Paradoxien bestätigt und ihren Merkwürdigkeiten noch eins drauf gesetzt – und damit bewiesen, dass selbst der große Einstein und seine Relativitätstheorie vor Murphys Gesetz nicht gefeit sind. Doch was daraus, rein theoretisch, folgt, wäre durchaus positiv, wenn es denn irgendwann einmal praktisch umgesetzt werden würde: Es gibt Interaktion in Überlichtgeschwindigkeit – fertig machen zum Beamen!

17. Stephen W. Hawking – scheitern auf genialem Niveau

Ein rätselhafter Fall. Der Mann hat keine Stimme mehr und kann nur noch wenige Muskeln kontrollieren. Mit 21 begann er zu stolpern, mit 30 zwang ihn ALS, eine seltene Krankheit des motorischen Nervensystems, in den Rollstuhl, 1985 wurde ihm die Luftröhre entfernt, er atmet durch ein Loch in der Kehle, der Speichel fließt unkontrolliert – und doch hält Stephen W. Hawking weiterhin Physikvorlesungen und -vorträge in aller Welt. Der Inhaber der »Lukasianischen Professur«, die vor ihm Größen wie Isaac Newton oder Paul Dirac bekleideten, bedient sich dabei eines elektronisch steuerbaren Rollstuhls und eines Sprachcomputers – und referiert mit synthetischer Stimme meist zu dem Thema, das auch der Gegenstand des Buches war, das ihn weltberühmt machte: *Eine kurze Geschichte der Zeit.*

Die unermessliche, für den irdischen Verstand schwer fassbare Weite seines wissenschaftlichen Fachgebiets, der Kosmologie, und die unter das natürliche Existenzminimum geschrumpfte »Enge« seines Körpers – diese persönliche Konstellation hat Stephen Hawking zu einem lebenden Mythos gemacht. Der *Spiegel* preist ihn als ein »Jahrhundertgenie wie Albert Einstein«, für die *Zeit* ist »das Genie im Rollstuhl im Begriff, die Formel zu finden, die das Universum erklärt«, und in den USA, wo wie in England die *Brief History of Time* zum größten Wissenschaftsbestseller aller Zeiten wurde, raunte das *Time Magazine*: »Er ist an den Rollstuhl gefesselt und bedarf ständig der Hilfe anderer. Aber sein Geist durchdringt die unermessliche Weite von Raum und Zeit, um dem Universum die letzten Geheimnisse abzuringen.«

Dass man dem Manne zuschreibt, tatsächlich die ultimativen Rätsel unserer Existenz zu lösen, hat weniger mit journalistischer Hochstapelei zu tun als mit dem blinden Glauben in das, was Hawking nicht müde wird zu verkünden: dass nämlich die Chance, in Kürze eine große vereinheitlichte Theorie des Universums zu vollenden, etwa 50 zu 50 stehe. Ein »normaler« Wissenschaftler, der solches ankündigt, liefe Gefahr, als Spinner oder hoffnungsloser Optimist verschrien zu werden. Dem entkörperten Superhirn aber – auch wenn seine vollmundigen Prognosen in den letzten Jahren etwas vorsichtiger geworden sind – traut man die übermenschliche Leistung, dem Plan Gottes die entscheidende Formel abzuluchsen, offenbar zu.

Was hätte eine solche Great Unified Theory (GUT) zu leisten? Sie müsste die zwei großen Errungenschaften der neuzeitlichen Physik – die Relativitätstheorie und die Quantenmechanik – vereinen, die bisher wie die zwei Königskinder nicht zusammenfinden können. Das Wasser scheint unüberwindbar tief: Jede Theorie für sich liefert eine korrekte Grundlagenbeschreibung des Universums – die Relativitätstheorie für die Schwerkraft (Gravitation) und den makroskopischen Aufbau des Universums, die Quantenmechanik für den mikrokosmischen Bereich der subatomaren Materieteilchen –, aber beide zusammen können nicht richtig sein. Der Zusammenbruch der Objektivität, den uns die Quantenmechanik bescherte, und der Einbruch des Zufalls in die exakte Wissenschaft ließen Einstein Kopf stehen; sie anzuerkennen schien für ihn gleichbedeutend mit »der Aufgabe des Konzeptes der Realität in der Physik«, und er stellte die berühmte »bange Frage«, ob Gott wirklich würfele. Bis an sein Lebensende arbeitete Einstein daran, seinen Traum einer großen »Vereinigten Feldtheorie« zu realisieren, die alle Unklarheiten beseitigen sollte – vergeblich. Seitdem haben sich Legionen von Wissenschaftlern die Köpfe daran zerbrochen, um hinterher jedesmal festzustellen, dass das Ergebnis zwar ganz schön, aber lange nicht GUT, keine Great Unified Theory, ist.

Dass es Stephen Hawkings »Quantentheorie der Gravitation« anders ergeht, scheint, mit Einstein gesprochen, relativ unwahrscheinlich – zumal im Zentrum seiner Hypothese über das Universum die Schwarzen Löcher stehen, deren Existenz neuerdings stark in Zweifel gezogen wird (siehe »Buddha im Schwarzen Loch«). Durch das Nadelöhr eines solchen Schwarzen Lochs aber, so Hawkings These, muss das gesamte Universum regelmäßig durch. Zur Zeit befindet es sich zwar in einem Zustand der Ausdehnung, doch wenn es sich nur weit genug ausgedehnt hat, wird es sich wieder zusammenziehen und verschwindet letztlich in einem gigantischen Schwarzen Loch, um (vom totalen Chaos neu gemischt) mittels »Hawking-Strahlung« wieder eine neue Runde zu durchlaufen. Dieses Spiel hat keinen Anfang und kein Ende, es ist ein abgeschlossenes, endliches System, das keine Grenzen hat und keinen Gott braucht.

Dass sich freilich der Weltraum irgendwann zusammenziehen wird, ist reine Spekulation. Ein Schwarzes Loch, das verschwindet, weil es gerade seine letzte Beute ausgehaucht hat, wurde noch nicht entdeckt, und was ein Universum, »völlig in sich abgeschlossen und keinerlei äußeren Einflüssen unterworfen …, weder erschaffen noch zerstörbar«, von einem Perpetuum mobile unterscheidet – an diese dumme Frage hat das stumme Genie bis dato noch keinen öffentlich gewordenen Gedanken verloren. Der Frage, wie sich das geschlossene System Weltraum denn ohne Energiezufuhr von außen entwickeln soll, stellt er sich genauso wenig wie die nach dem Koch der kosmischen Ursuppe, der diese Raum-Zeit-Endlos-Schleife angerührt hat. Ausschließlich die bekannten Naturgesetze sollen in Hawkings Universum gelten und ihre noch zu findende vereinigende Formel soll alle Unklarheiten einschließlich Gott beseitigen. Doch um das zu erreichen, bleibt ihm nichts anderes übrig, als für den Zusammenfall des Weltalls eben diese Naturgesetze außer Kraft zu setzen: in der »Singularität« des Schwarzen Lochs, die das Universum periodisch recycelt.

Der Plan, dem Detektiv Hawking hinterherhechelt, dürfte also allem Anschein nach so aussehen:

- § 1) Die Naturgesetze gelten immer.
- § 2) Wenn die Naturgesetze nicht gelten, siehe § 1.

Nun wäre es ja keine allzu unsympathische Vorstellung, wenn sich das Universum irgendwann als kosmischer Bürowitz offenbaren würde. Sollte es aber anders aussehen, ist auf jeden Fall der Lacher künftiger Kosmologen garantiert, die sich wundern werden, dass noch Anfang des 21. Jahrhunderts die gelehrte Öffentlichkeit tatsächlich glaubte, auf diesem Niveau die »Rätsel der Existenz« zu lösen. Und dabei fröhlich hypothetische Schwarze Löcher im Kosmos untersuchte und die Schwarzen Löcher im naturwissenschaftlichen Denkgebäude auf der Erde gar nicht weiter beachtete.

Es ist vielleicht ungerecht, neben dem großartigen Weltraumpanorama, das Stephen Hawking in seinen Arbeiten entfaltet, von ihm zu verlangen, sich gefälligst auch um den Dreck vor der Haustür zu kümmern. Wer die saubere Weltformel verspricht, müsste diese irdischen Störenfriede der Quantenrätsel eigentlich mit links entsorgen. Eine Great Unified Theory jedoch ist nicht in Sicht – und so kann für das Scheitern von Hawkings Weltformel letztlich das alte Verdikt gelten: Gut gemeint ist das Gegenteil von GUT.

18. Willkommen im Kaputtalismus – wenn das Scheitern industriell vorprogrammiert wird

»An einem dunklen Dezembertag, dem Vorabend zum Weihnachtsfest 1924, versammeln sich in Genf einige verschwiegene Herren, um das Fest des Herrn zu ihrem Fest des Lichts zu machen. Eingefunden haben sich unter anderen die führenden Vertreter von OSRAM (Deutschland), International (USA), Philips (Holland), Compagnie des Lampes (Frankreich), Tungsram (Ungarn), kurzum die Elite der glühlampenproduzierenden Konzerne mit den Repräsentanten ihrer monopolisierten Nationalindustrien. Während anderenorts bereits Lichter liebevoll auf Zimmertannen gereiht werden, gründen die Herren ›Phoebus‹, indem sie an diesem Heiligen Abend den ›Entwicklungs- und Fortschrittsvertrag auf dem Gebiete der internationalen Glühlampenindustrie‹ unterzeichnen mit dem Ziel, ›die Zusammenarbeit aller Vertragsparteien sicherzustellen, zur Vorsorge für eine vorteilhaftere Ausnutzung ihrer Fabrikationsmöglichkeiten bei der Herstellung von Lampen, Sicherung und Aufrechterhaltung einer gleichmäßig hohen Qualität, Verbesserung der Wirtschaftlichkeit bei der Verteilung des Absatzes und Steigerung der Wirksamkeit elektrischer Beleuchtung und Erhöhung des Lichtverbrauches zum Vorteil des Verbrauchers‹.

Hinter diesen Sätzen verbirgt sich nicht nur das erste weltweit wirksame Kartell der Wirtschaftsgeschichte, sondern vor allem eine strenge ökonomische Strategie, die viele(s) erreicht – nur nicht zum Wohle eines menschlichen Verbrauchers. Phoebus dient einerseits als Kontrollinstanz über die nationalen Glühlampenmärkte und ihre jeweilige Entwicklung im weltweiten Gewerbe. Andererseits etabliert Phoebus einige weitreichende und langlebige Standards, etwa den bis heute üblichen Sockel E27, damit jede Glühlampe einem globalen plug-and-play gehorcht. Der zentrale Punkt von Phoebus' Bestrebungen gilt jedoch der Glühlampe selbst, und zwar ihrer Lebensdauer beziehungsweise -beschränkung. Bereits im folgenden Jahr wird diese von einem eigens gebildeten Exekutivkomitee auf nunmehr 1 000 Stunden festgeschrieben, um mit der alsdann reduzierten Brenndauer höhere Verkaufszahlen zu gewinnen. Den Kampf führt Phoebus nicht nur anfangs gegen technische Schwierigkeiten, die Lebenszeit der Lampen erfolgreich von etwa 1 500 bis 2 000 Stunden auf den neuen Wert zu vermindern, sondern auch vehement gegen unfügsame eigene Mitglieder und immer gegen vereinzelte Kartellgegner. Von Versuchen, die Brenndauer ungeachtet der wachsamen Phoeben-Augen in alte Höhen zu schrauben, wird immer wieder berichtet. Und ebenso oft von ihrem Scheitern. Eingedenk der inzwischen gesteigerten Netzspannung erwarten Glühbirnen heute bereits nach ca. 750 Stunden ihren werkseitig eingebauten Brennschluss.

Wenngleich Phoebus 1941 offiziell im Verborgenen zu verschwinden vorgibt, lebt der Weltglühlampenvertrag unter anderem Namen selbstverständlich weiter. Derzeit heißt die Kontrollinstanz unserer Birnen International Electrical Association, Lausanne. Zwar behauptet sie, sich 1989 aufgelöst zu haben. Doch unzweifelhaft arbeitet etwas im Dunkeln weiter gegen die Dauer des Lichts.«

So skizziert der Kulturwissenschaftler Markus Krajewski (in Robert A. Wilsons *Lexikon der Verschwörungstheorien*, Frankfurt 2000) das sehr reale Kartell, mit dem vor bald einem Jahrhundert das strahlendste Symbol der Moderne – die allgemeine Beleuchtung und Elektrifizierung – ins Zeitalter des Kaputtalismus überführt wurde. Mit Phoebus und der Glühbirnenverschwörung wird Murphys Universalkonstante, dass alles, was kaputtgehen kann, kaputtgeht, in eine neue Dimension gerückt: Versagen ist fortan werkseitig eingebaut, Scheitern industriell vorprogrammiert. Das Ganze, wie die Dunkelmänner künstlicher Lichtverknappung in blendendem Zynismus kundtun, »zum Vorteil des Verbrauchers«. Was der Hyper-Kapitalist Dagobert Duck sich einst für Entenhausen ausmalte – eine Luftsteuer, die das Atmen mit Tarifen belegt (»jeder Seufzer einen Kreuzer«) –, haben die Herren des Lichts in der wirklichen Welt tatsächlich erreicht, zumindest was die Beleuchtung betrifft. Und nur Schelme mögen dabei nicht daran denken, dass die Birnen hier nur die Spitze eines Eisbergs beleuchten und andere Industriezweige nicht auf ähnliche Ideen gekommen sind wie die Glühlampenhersteller, dass sie allen Kartellrechten zum Trotz konspirative Absprachen treffen, die bis heute dafür sorgen, »vernünftig« im Geschäft zu bleiben.

Wie dies im Detail geschieht, hat Helmut Höge in zahlreichen Artikeln (und mit Markus Krajewski und Peter Berz in *Das Glühlampenbuch*, Wien 2000) geschildert – am Beispiel der Übernahme der DDR-Glühlampenwerke Narva durch die Phoebus-Nachfolgeorganisation. Nicht nur, dass es manche Glühlampen aus den Ostblockländern auf Brenndauern von 5 000 Stunden brachten, war dem Glühlampenkartell äußerst ungelegen, sondern vor allem, dass eine der aussichtsreichsten Rettungsaktionen für die Narva-Werke von Dieter Binninger gestartet worden war, dem Erfinder der »Binninger-Birne«, die eine Brenndauer von 150 000 Stunden aufweist.

Da fügte es sich nicht eben unwillkommen, dass Binninger während seiner Verhandlungen mit der »Treuhand« bei einem Absturz mit seinem Privatflugzeug ums Leben kam. Narva wurde dicht gemacht, und unsere Birnen von Osram & Co. geben weiterhin nach 1 000 Stunden ihren Geist auf. Willkommen im Kaputtalismus!

19. Die Narco-Ökonomie – warum Prohibition profitabel ist und der »Krieg gegen Drogen« scheitert

Das US-Justizministerium veröffentlichte Ende 2006 die neuesten Angaben über die Anzahl der im ganzen Land Inhaftierten. Auch in diesem Punkt ist das ehemalige »land of the free« Spitze: 737 von 100 000 US-Bürgern sitzen im Gefängnis. Das ist Weltrekord mit sicherem Vorsprung vor dem Zweitplatzierten: Russland. Dort sitzen nur 611 von 100 000 im Knast, in zivilisierten westlichen Nationen sind nur etwa 100 von 100 000 Bürgern eingesperrt, mit rückläufiger Tendenz. In den USA hingegen steigt die Zahl der Eingesperrten schneller als die der Freigelassenen: »Die USA stellen 5 Prozent der Weltbevölkerung und 25 Prozent der Eingekerkerten. Wir stehen auf Platz eins in der Welt beim Einsperren unserer Mitbürger«, so Ethan Nadelmann von der Drug Policy Alliance, eine unabhängige Vereinigung, die ein Ende des »Kriegs gegen Drogen« fordert. Allein zwei Millionen Menschen, fast ein Drittel aller Inhaftierten, sind in den USA wegen Drogen eingesperrt. Diese martialische Politik hat indessen keineswegs zu einem Rückgang des Drogenkonsums geführt: Nach wie vor konsumieren die US-Bürger etwa 50 Prozent der auf dem Weltmarkt produzierten illegalen Drogen.

Da Drogen nicht durch Krieg bekämpft werden können, produziert der »war on drugs« erst die Opfer, die er zu retten vorgibt – und selbst wenn man in einigen Jahren noch einmal doppelt so viele Drogenbenutzer einsperren würde, änderte das nichts an den Konsumgewohnheiten. Wenn eine politische Maßnahme – in diesem Fall der Versuch, den Drogengebrauch mit Hilfe des Strafrechts einzuschränken – so offensichtlich scheitert und, abgesehen von den Kosten, die sie verursacht, dabei noch weitaus mehr Schaden anrichtet als verhindert, sollte man davon ausgehen, dass sie von den Verantwortlichen gestoppt und durch eine wirksamere Maßnahme ersetzt wird. Doch das Scheitern der Prohibition ist nicht erst nach diesen jüngsten Zahlen, sondern schon seit Jahrzehnten ersichtlich.

Warum läuft sie dennoch unvermindert weiter? Für die Beantwortung dieser Frage gilt, wie bei einem unaufgeklärten Verbrechen, die grundsätzliche Frage »cui bono?«. Und wie so oft bei der Suche nach einem Motiv gilt auch hier die Regel »follow the money«. Dazu blenden wir kurz einige Jahrzehnte zurück.

Es ist an einem Sommertag Ende der 1940er Jahre, zwei Kaufleute stehen an den Docks von New Orleans und warten, dass ihre Schiffe entladen werden. Der eine von ihnen, Sam, handelt mit Zucker, den er in Lateinamerika anbauen und raffinieren lässt und dann importiert. Er verkauft ihn an einen Zuckergroßhändler zum Preis X, der etwa 30 Prozent über seinen Kosten liegt. Von diesem Betrag bezahlt er den Anbau des Rohstoffs, die Produktion des Zuckers, die Frachtkosten, seine Angestellten, die Bürokosten und Steuern. Außerdem investiert er noch etwas in die Entwicklung besserer Erntemaschinen. Je nachdem, wie geschickt Sam seinen Handel betreibt, bleiben ihm am Ende 5 bis 10 Prozent des Betrags, den er pro Schiffsladung erhält, als Nettogewinn.

Sein Kollege Dave handelt ebenfalls mit einem Agrarprodukt aus Übersee; das Schiff mit seiner Lieferung, das im Hafen anlandet, sieht genauso aus wie das von Sam. Auch der Anbau des Rohstoffs und die Veredelung zu einem weißen Pulver läuft so ähnlich wie die Zuckerproduktion, und auch Dave hat einen Großhändler, der ihm die Ware abnimmt. Es handelt sich um Heroin, und der Preis Y, den Dave für seine Schiffsladung erzielt, ist fünfzig- bis hundertmal höher als der

Betrag X, den Sam für seinen Zucker erhalten hat. Auch Dave hat Kosten für Anbau, Herstellung und Fracht zu tragen, außerdem Bestechungsgelder für Zoll, Polizei, verschwiegene Mitarbeiter und seine Rechtsanwälte. Er investiert in neue Erntemaschinen und bessere Radarausrüstung. Steuern zahlt er keine, die stattdessen anfallenden Kosten für die Geldwäsche liegen unter Sams Steuersatz. Die Nettomarge, die Dave am Ende bleibt, liegt bei mindestens 20 bis 30 Prozent des Betrags, den er pro Schiffsladung erhält.

Mit jedem Schiff, das im Hafen einläuft, nimmt Dave also nicht nur das Fünfzigfache von dem ein, was der Zuckermann Sam erhält, nach Bezahlung aller Kosten bleibt auch mindestens ein doppelt so hoher Nettogewinn hängen. Mit jedem Schiff kann Dave also einen Betrag auf sein Privatkonto schieben, der hundertmal größer ist als der, den der erfolgreiche Zuckerhändler Sam verdient hat.

Nun sollten wir, so die Ökonomin Catherine Austin Fitts, die sich dieses Beispiel ausgedacht hat (*Narco Dollars for Beginners*, http://www.narconews.com/narcodollars1.html), die folgenden Fragen beantworten:

»Wer ist besser im Geschäft, Sam oder Dave? Wer ist bei seiner lokalen Bank beliebter, Sam oder Dave? Wer hat das größere Aktiendepot bei einem führenden Investmenthaus, Sam oder Dave? Wer spendet mehr für Politiker, großzügiger für die Wohlfahrt, kann sich bessere Rechtsanwälte leisten, Sam oder Dave? Wer würde irgendwann wessen Firma aufkaufen, der Zuckermann Sam die Drogenfirma oder der Drogenmann Dave das Zuckerunternehmen? Wen würden Banker, Investoren, Politiker bei dieser Übernahme unterstützen?«

Und Catherine Austin Fitts rät für die Beantwortung der Fragen: »Hören Sie nicht auf mich. Und hören Sie nicht auf (die bekannten Medienleute) Peter Jennings, Dan Rather oder

Tom Brokaw. Was glauben Sie, wer ihre Gehälter zahlt? Wem die Unternehmen gehören, für die sie arbeiten? Sam oder Dave? Hören Sie auf überhaupt niemanden. Sehen Sie sich die Zahlen an und hören Sie auf sich selbst. Was glauben Sie? Wie das Geld im Drogenhandel arbeitet, können Sie selbst ziemlich leicht durchschauen, wenn Sie die Ökonomie von Sam und Dave und ihren Schiffsladungen mit weißen Agrarprodukten über einen Zeitraum von 50 Jahren verfolgen. Es ist die Magie des Zinseszins.«

Ein halbes Jahrhundert und viele Schiffsladungen später: Der Markt für illegale Agrarprodukte aus Mohn, Coca und Hanf ist in den USA auf 150 bis 200 Milliarden Dollar pro Jahr gewachsen, global auf 400 Milliarden. Fitts hat versucht zu schätzen, was Dave in dieser Zeit erwirtschaftet hat: »Ich habe einmal eine Excel-Tabelle angelegt, um die Gesamtsumme des ›Narco-Kapitals‹ zu berechnen. Die Zahlen zeigten, dass der Drogenmann Dave nicht nur Sams Zuckerfirmen aufgekauft hatte, sondern – zusammen mit dem Cashflow seiner kriminellen Kollegen – alle wichtigen Aktiengesellschaften an der New Yorker Börse kontrollierte.«

Ist das nicht stark übertrieben? Nur wenn wir »Pop« aus dem Spiel lassen und die Rolle, die dieser magische Mechanismus an der Wall Street so ähnlich spielt, wie eine heiße Herdplatte ein Maiskorn zu einem Popcorn aufbläht. Denn Aktiengesellschaften werden an der Börse nicht zu ihrem realen Wert gehandelt, sondern zu einem imaginären Wert, der die Hoffnungen und Zukunftsaussichten in das betreffende Unternehmen widerspiegelt. Eine der wichtigsten Maßzahlen für die Bewertung ist dabei der Jahresgewinn und sein Verhältnis zum Aktienkurs. Beträgt dieses so genannte Kurs-Gewinn-Verhältnis (KGV) zum Beispiel 20, wird das Unternehmen mit dem Zwanzigfachen seines aktuellen Jahresgewinns bewertet

– eine derzeit für große Unternehmen durchaus übliche Bewertung. Steigt also der Gewinn der XY AG um 100 000 Dollar, bedeutet das für die Aktien dieser AG eine Wertsteigerung von 2 Millionen. Wie mühsam es ist, bei einer Nettomarge von 5 bis 10 Prozent einen solchen Gewinn zu erwirtschaften, hatten wir am Beispiel von Sam gesehen – auch wenn er es mittlerweile an die Börse geschafft hat und sein solider Zuckerkonzern mit einem KGV von 20 bewertet wird. Hier kommt nun Dave ins Spiel, mit einer Idee: Wie wäre es, die Aktienmehrheit von Sams Firma zu kaufen – und dann dafür zu sorgen, dass die 100 000 Dollar bis zum Jahresende auf die Gewinnseite der AG-Bilanz geschleust werden? »Kein Problem«, meint Daves Finanzberater, »wir müssen nur Arthur Anderson mit der Wirtschaftsprüfung beauftragen, das kostet ein bisschen was, und ein paar von Sams Controllern und Buchhaltern müssen etwas abkriegen, aber bei einem ›Pop‹ von 20 können wir uns das locker leisten.« Gesagt, getan – und nachdem das so prima funktioniert, empfiehlt Daves Berater, noch eine börsennotierte Kette von Restaurants oder Motels zu übernehmen, da sich hier das Pop-Money noch viel leichter einschleusen lässt als bei einer Zuckerfirma …

Nach Schätzungen des US-Justizministeriums fließen in den USA jedes Jahr mindestens 500 Milliarden Dollar Schwarzgeld in den legalen Finanzverkehr ein, wovon mindestens die Hälfte aus dem Drogenhandel stammt. Eine gigantische Summe, von der ein Teil sich dann dank »Pop« ins wahrhaft Astronomische steigert. Dass Dave nach 50 Jahren Geschäft mit weißen Agrarprodukten die größten Dow-Jones-Unternehmen kontrolliert, ist deshalb keine Übertreibung, sondern durchaus realistisch. Dank der Illegalität dieser Produkte kann er mit jeder Schiffsladung nicht nur eine weitaus höhere Profitmarge als Sam einfahren, sondern gewaschen und eingeschleust in die Bilanzen eines Börsenunternehmens vervielfachen sich diese Profite wie von selbst weiter. Die eigentliche Macht des Narco-Dollars, so Catherine Austin Fitts, liegt »in der Kombination von Drogenhandel und Börse«. Zu Hause an ihrer Straßenecke konnte sie folgende Rechnung anstellen:

»Gegenüber von unserem Haus in Philadelphia handeln zwei oder drei Teenager mit Drogen. Wir fanden heraus, dass sie mit ihrem Lieferanten einen 50-Prozent-Deal hatten, jeder pro Tag etwa 300 Dollar Umsatz machte und 250 Tage im Jahr arbeitete, sodass ihr Lieferant seinen Nettoprofit von etwa 100 000 Dollar pro Jahr in ein Fastfood-Restaurant fließen lassen konnte, das einem börsennotierten Unternehmen gehört. Angenommen, das Unternehmen hat einen Börsenwert, der zwanzig- bis dreißigfach über seinem Jahresgewinn liegt, dann generiert eine Handvoll leseunfähiger Teenager 2 bis 3 Millionen Dollar Aktienwerte für ein Großunternehmen, abgesehen von den schönen Depots und Provisionen für die Banken und Versicherungen …«

Dank Fitts Schnellkurs in Narco-Ökonomie können wir verstehen, was die Heroin- oder Crack-Dealer an der Ecke mit dem Dow Jones Index zu tun haben und warum ihre verelendete Kundschaft für die Börse unverzichtbar ist. Denn was würde passieren, wenn Daves weiße Agrarprodukte ab morgen legal in den Apotheken verkauft würden? Die Margen seines Importgeschäfts würden auf das Niveau von Sams Zuckerimport sinken, und 250 Milliarden – zwanzigmal aufgepoppt wären das 5 Billionen Dollar Börsenwert – gingen per anno verloren. Welchen Crash schon die Ankündigung eines solchen Ereignisses auslösen würde, können wir uns leicht vorstellen.

Danken wir also dem Junkie am nächsten Bahnhof – er hält mit seinem erbettelten oder geklauten Geld die Aktienkurse am Laufen. Danken wir den Millionen Abhängigen in aller

Welt, die mit ihrem letzten Hemd aufopferungsvoll den Cashflow in Daves Geldmaschine bedienen und so den Shareholder Value der Blue Chips hoch halten. Vertrauen wir auf die Selbstkontrolle der Banken und hüten wir uns vor schärferen Gesetzen gegen Geldwäsche. Vertrauen wir auch den Politikern, die den »Krieg gegen Drogen« ständig weiter verschärfen wollen: Sie verhindern, dass Daves Profitmarge sinkt. Wundern wir uns nicht, warum der »Krieg gegen Drogen« kontraproduktiv ist und mehr Elend produziert als verhindert – es geht in diesem Krieg nicht um die Minimierung von Leid, sondern um die Maximierung von Gewinn.

Die Bauern bekommen für 10 Kilo Opium 500 Dollar, weitere 500 kostet es, daraus ein Kilo Heroin zu machen, das im Endverkauf an der Straßenecke in Philadelphia 100 000 Dollar einbringt – und 2 Millionen Aktienwert, wenn dieser Betrag in das »Pop«-System der Börse eingebracht wird. Plötzlich können wir auch das Mysterium verstehen, warum seit dem Einmarsch der USA in Afghanistan fast nichts in dem zerstörten Land wieder in Gang gekommen ist – außer dem Opiumanbau, der 2005 um 40 Prozent und 2006 um weitere 60 Prozent gestiegen ist. »There's no business like drug business« – die Narco-Ökonomie regiert.

Wenn Sie wissen wollen, warum Sie davon noch nichts gehört haben und warum die rationale, schadensmindernde politische Lösung – Heroin und Kokain kontrolliert und legal in Apotheken zu verkaufen – nicht durchsetzbar ist: Fragen Sie Dave!

20. Reefer Madness revisted – das Scheitern der Hanf-Prohibition

Zuerst war es das »Mörderkraut«, dann die »Einstiegsdroge« – jetzt dominieren »hochpotente« Marihuanasorten und steigende Nachfrage nach »Cannabistherapie« das Horrorkabinett der Hanf-Prohibition. Doch damals wie heute handelt es sich um weitgehend faktenfreie Propaganda.

Die Geschichte des Cannabisverbots geht einher mit einer Geschichte der vermeintlichen Gefahren, die dieses Verbot begründeten. Den Anfang machte in den 1930er Jahren in den USA das »Mörderkraut« – die Behauptung, dass Cannabis aggressiv mache und die Konsumenten zu Mordtaten verleite. Mit Bildern grässlich zugerichteter Opfer, mit Filmen wie *Reefer Madness* (Kifferwahn) und Büchern wie *Marihuana. Mörder der Jugend* wurde die erste große Kampagne der Cannabisprohibition geführt, die 1937 in den USA – und nach dem Zweiten Weltkrieg in der gesamten westlichen Welt – ihr Ziel erreichte. Spätestens als in den 1960er und 1970er Jahren Propagandafilme wie eben *Reefer Madness*, in denen ein einziger Zug am Joint zu Wahnsinn und Mordgelüsten führt, zu riesigen Lacherfolgen in alternativen Kinos wurde, mussten neue Begründungen für eine Beibehaltung des Verbots her – und wie schon in den 1930er Jahren waren »Experten« und Mediziner nicht faul, der Politik zu Hilfe zu eilen. Niemand redete jetzt mehr vom aggressiv machenden »Mörderkraut« – nun lautete die Gefahrenparole genau umgekehrt: »Hasch macht lasch!«

Wobei das nicht allzu gefährlich klang, weshalb eine zweite Gefahr dazu erfunden werden musste, die von der »Einstiegsdroge«. Dass Cannabis toxikologisch zu den ungefährlichsten Drogen überhaupt gehört – bei jedem Küchengewürz liegt die tödliche Dosis weitaus niedriger als bei Hanf –, aus diesem wissenschaftlich eindeutigen Befund wurde eine besondere Heimtücke gedreht: Gerade diese vergleichsweise Harmlosigkeit sei die große Gefahr, denn sie führe zum Einstieg in härtere Drogen. Und haben nicht 99 Prozent aller Heroinsüchtigen zuvor Hasch geraucht – na also! Die Tatsache, dass 100 Prozent aller Heroinsüchtigen zuvor auch Muttermilch konsumiert hatten, hinderte die Theorie von der »Einstiegsdroge« nicht daran, über Jahrzehnte die Parade der Cannabisgefahren anzuführen. Heute wird sie zwar von keinem ernstzunehmenden Fachmann mehr explizit vertreten, in den Köpfen einiger Anti-Drogen-Hardliner schwirrt sie aber – nach dem Motto »Wehret den Anfängen« – nach wie vor herum.

Die etwas zeitgemäßeren Vertreter der Prohibitionspolitik freilich haben seit Mitte der 1990er Jahre zwei neue Gefahrenherde ausgemacht: Sie verweisen zum einen auf die stark gestiegenen THC-Werte in manchen Cannabiszüchtungen und zum anderen auf die ebenso stark gestiegene Nachfrage nach »Cannabistherapie«. Immer mehr, vor allem junge Menschen, suchen wegen ihrer »Cannabisabhängigkeit« Beratungs- und Therapieeinrichtungen auf – diese Botschaft dominiert seit einigen Jahren den Gefahrenkatalog, gefolgt von den Warnungen, dass Cannabis nicht mehr das harmlose Hippiezeug von einst sei, sondern aufgrund des erhöhten THC-Gehalts weitaus gefährlicher.

In der Tat haben die Züchtungen der Hanfpflanze in neuerer Zeit erstaunliche Fortschritte gemacht, was sowohl die Steigerung als auch die Verringerung des psychoaktiven Wirkstoffs Tetrahydrocannabinol in den Hanfblüten betrifft. So gibt es heute Hanfsorten für die Fasergewinnung mit einem THC-Gehalt von unter 0,3 Prozent – und andere Sorten, deren im Treibhaus oder unter Kunstlicht gewachsenen Blüten einen THC-Gehalt von über 20 Prozent aufweisen. Von ersteren könnte man einen ganzen Sack rauchen, ohne den Ansatz einer Wirkung zu spüren, während von den gehaltreichen Marihuanasorten schon eine kleine Prise ausreicht.

Aus diesen neuen Züchtungen nun aber eine gestiegene Gefahr durch Cannabis abzuleiten, ist aus mehreren Gründen falsch. Zum einen zeigen die Statistiken der polizeilichen Beschlagnahmungen sowie eine Studie der Europäischen Beobachtungsstelle für Drogen und Drogensucht (EMCDDA, 2004), dass von einem allgemeinen Anstieg des THC-Gehalts keine Rede sein kann: Er liegt bei Haschisch nach wie vor bei 8 Prozent und bei Marihuana im Durchschnitt zwischen 1 und 8 Prozent, trotz einiger »Ausreißer« mit 15 Prozent und mehr THC, die aber auf dem Markt keine große Rolle spielen. Zum anderen bedeutet ein höherer THC-Gehalt ein vermindertes Schadstoffrisiko beim Rauchen, da weniger Cannabis konsumiert werden muss, um die gleiche Wirkung zu erzielen – ein höherer THC-Gehalt bringt insofern also eher eine Verminderung der Gesundheitsgefahren mit sich. Da die Schädigungen einer Überdosierung bei Cannabis gering sind – eine tödliche Dosis ist nicht bekannt, die gesamte Medizingeschichte kennt keinen »Marihuanatoten« –, kann auch die Gefahr einer versehentlichen Einnahme von »hochprozentigem« Cannabis als gering eingeschätzt werden.

Kurz: Ähnlich wie bei der alten Prohibitionsparole von der »Killerdroge« handelt es sich bei den neuen Gefahren THC-reicher Cannabissorten (»20-mal stärker als das alte Hippiekraut!«) um ein Horrormärchen – und kaum anders verhält es sich mit der Behauptung der angeblich stark gewachsenen Nachfrage nach Therapie bei Cannabisproblemen. Der Anstieg cannabisbezogener Probleme in der ambulanten Drogenhilfe zeige, so argumentieren die Drogenbeauftragten diesseits und jenseits des Atlantiks, dass die Cannabisgefahren keineswegs unterschätzt werden dürften und die Prohibition deshalb beibehalten werden müsse. Auch deutsche Politiker führen dieses Argument regelmäßig an, auch wenn Drogenberater zunehmend widersprechen: »Die Zahlen sind totaler Quatsch, die Jugendlichen kommen nicht, weil sie Probleme mit dem Konsum haben, sondern mit der Justiz und den Eltern!«

Diese Einsicht wurde 2004 von einer Studie aus den USA bestätigt, wo die Substance Abuse and Mental Health Services Administration (SAMHSA) herausfand, dass nur 17 Prozent aller Personen, die wegen eines Cannabisproblems die Drogenhilfe aufsuchten, aus freien Stücken kamen, weil sie ein Problem mit dem Konsum hatten. Der überwiegenden Mehrheit (58 Prozent) war von der Justiz, von Arbeitgebern, Schulen oder Eltern (20 Prozent) verordnet worden, eine solche Therapieeinrichtung aufzusuchen. Vor allem »Ersttätern«, denen wegen Cannabisbesitz ansonsten Haftstrafen drohen, wird als Alternative »Therapie« angeboten – und weil viele dieses Angebot annehmen, erklärt sich die wachsende Beratungsnachfrage bei Cannabisproblemen wie von selbst. Sie hängt direkt mit der wachsenden Zahl von Strafverfahren wegen Cannabis zusammen, die sich in den USA von 1992 bis 2002 auf 700 000 etwa verdoppelte, ebenso wie die Zahl der »Therapiesuchenden«. Dass diese Zahl ein Artefakt ist, das weniger mit real gewachsenen Cannabisproblemen zu tun hat als mit einer eskalierenden Strafverfolgung, liegt auf der Hand. »Die Regierung verhaftet diese Leute, zwingt sie zu einer Behandlung und führt dann diese Zahlen als Beweis für die Suchtgefahren von Marihuana an. Das ist eine wahrhaft Orwell'sche Argumentation«, so Bruce Mirken, der Sprecher des Marijuana Policy Project, einer politischen Aktionsgruppe, die sich allgemein für einen liberalen Umgang mit und speziell für den medizinischen Gebrauch von Cannabis einsetzt. Das Zeitalter des »Reefer Madness« ist also noch nicht zu Ende, der Prohibitionseifer und seine pseudo-wissenschaftlichen Horrorbilder zeigen sich nur in etwas modernisiertem Gewand.

Eine Studie über die Wirksamkeit drogenpolitischer Maßnahmen, die 2002 für den Europarat erstellt wurde, untersuchte, inwieweit sich unterschiedliche Repressionsmaßnahmen auf die Zahl der Konsumenten, des »Drogenschadens« und der »Drogentoten« auswirken – und stellte keinerlei direkten Zusammenhang zwischen der Höhe der Strafen und der Häufigkeit des Konsums fest. Für die Hardliner im Europäischen Parlament war dieses Ergebnis so ernüchternd, dass die parlamentarische Versammlung vor einer Annahme des Berichts 17 Klauseln ändern oder streichen wollte – und zwar vor allem jene, in denen die positiven Ergebnisse der liberalen Ansätze in der Schweiz und den Niederlanden herausgestellt wurden. Daraufhin zogen die Verfasser ihre Unterstützung für den Bericht zurück, in dem es zum Thema Hanf heißt:

»Die Drogenpolitik der meisten Staaten scheint auf der Annahme zu beruhen, dass höhere Strafen den Konsum begrenzen. Jedoch geht aus den Daten klar hervor, dass der Gebrauch von Cannabis in den Niederlanden, wo Besitz und Transport von ›Eigenbedarfsmengen‹ nicht bestraft werden, erheblich niedriger ist als in Großbritannien, wo die Rechtsprechung relativ hart ist.«

Ähnlich klare Daten hatte schon 1997 eine Studie der Vereinten Nationen erbracht, derzufolge harte Repression harte Drogen fördert: Das Verhältnis der Marktanteile von harten gegenüber weichen Drogen liegt in den USA bei 7:1, in Holland dagegen bei 2:3.

Doch verhält es sich mit diesen Studien heute ähnlich wie mit Galileis Fernrohr am Beginn der Renaissance: Die Gralshüter der Inquisition wagen nicht, hindurchzuschauen – und wenn es sich doch nicht vermeiden lässt, setzen sie alles daran, die unpassenden neuen Erkenntnisse in Frage zu stellen und die Ungereimtheiten wegzuerklären. Uns bleibt derweil nichts anderes, als den Mächtigen diese unerwünschten Erkenntnisse so oft wie möglich vor Augen zu führen, auf das totale Scheitern ihrer Politik zu verweisen und wie Galilei vor 500 Jahren darauf zu bestehen: »Und sie bewegt sich doch!«

21. Rausch, der vierte Trieb – warum Nüchternheitsapostel nur scheitern können

Die »Narco-Ökonomie«, die seit dem Anfang der 1980er Jahre von Ronald Reagan und seinem Vize George H.W. Bush ausgerufenen »war on drugs« einen ununterbrochenen Boom erlebt, sorgt nicht nur für eine stetig wachsende Finanzierung organisierter Krimineller und Terroristen, sie ist auch in anderer Hinsicht gefährlich und gesellschaftlich kontraproduktiv. Denn wie Durst, Hunger und Sex ist auch die Suche nach veränderten Bewußtseinszuständen ein natürlicher Grundtrieb – und ihn mit Krieg zu bekämpfen wider die Natur.

Durst, Hunger und Sex sind fraglos die drei Grundtriebe, die im Verhalten von Organismen als primäre motivierende Kraft wirken. Es gibt aber noch einen vierten Trieb, der, genau wie jene drei, zeitweilig alle anderen Aktivitäten des Lebens überdecken kann. Dieser vierte Trieb, so der Psychopharmakologe Ronald K. Siegel in seinem Buch *Rauschdrogen. Die Sehnsucht nach dem künstlichen Paradies*, ist der Rausch. Seine These leitet er nicht aus den Schlagzeilen und Statistiken des Drogenkriegs ab, sondern aus 20 Jahren Beobachtung und Erforschung berauschter Tiere, »die sich genauso verhielten wie die von uns beobachteten Menschen«. Um die Sehnsucht nach dem künstlichen Paradies, nach verändertem Bewusstsein und einem rauschhaften Zustand zu teilen, so Siegel, »muss man kein Primat sein«.

Ob Alkohol oder Tabak, Marihuana oder Kokain – der Gebrauch rauscherzeugender Substanzen ist im Tierreich so verbreitet wie bei Menschen. Tiere konsumieren Drogen als Nahrungsmittel, zum Spaß und als Medizin, wobei die Gefahr des Missbrauchs auf natürliche Weise eingeschränkt ist. Die Rauschpflanzen sind meist nur saisonal verfügbar. Stehen sie im Experiment permanent zur Verfügung, sind auch Tiere durch Missbrauch oder Sucht gefährdet. Wie bei Menschen ist die Gefahr eines Missbrauchs bewusstseinsverändernder Substanzen abhängig von der Lebenssituation: Je aussichtsloser und frustrierender die Situation im Gehege, desto mehr neigen zum Beispiel Affen dazu, ihre Depression im Alkohol zu ertränken. Von einer gestressten Kolonie von Ratten, die sich über eine Taste mit einer Injektion Kokain versorgen konnte, zeigten innerhalb kurzer Zeit 83 Prozent so schwere Suchterscheinungen, dass sie das Fressen vergaßen und eingingen. Tauben lieben nicht nur Marihuana, sondern auch Psychedelika, und sie erleben offenbar ähnliche optische Halluzinationen wie Menschen: Bei Bildern, die Tauben auf einem Trip vorgeführt wurden, reagierten sie auf dieselben geometrischen Muster, die menschliche Meskalin-Benutzer häufig wahrnehmen. Paviane versuchen Langeweile mit Tabakkonsum zu bekämpfen, greifen aber bei Gelegenheit auch gern zu halluzinogenen Pilzen. Auch die alte Hippie-Weisheit von der »Antikriegsdroge« LSD findet im Tierreich eine Bestätigung: Für Mäuse auf Acid spielte das sonst aggressiv verteidigte Territorium keine Rolle mehr.

Es waren oft Tiere, die die Menschen einst zum Genuss bestimmter Pflanzen führten – das Lama entdeckte für die Andenbewohner die Kraft des Kokastrauchs, Ziegen die Stimulans des Kaffees –, und von den Tieren, so Siegels Resümee, können wir beim Umgang mit Drogen lernen. Dass bei Tieren Missbrauch und Abhängigkeit sehr selten vorkommen, liegt daran, dass Tiere nur pflanzliche Drogen zu sich nehmen, deren Gefahrenpotential viel leichter kontrollierbar ist als das der daraus synthetisierten Turbodrogen. »Alles ist Gift, es hängt allein von der Dosis ab« – dieser Paracelsische Leitspruch wird im Tierreich beherzigt. Diese Lektion zeigt, so

Siegel, »wie wir mit Hilfe von Erziehung und Technik Frieden mit dieser natürlichen Macht schließen können«.

Wäre die Narco-Ökonomie nicht so extrem profitabel, hätte sich schon lange eine Politik gegen den Drogenmissbrauch durchgesetzt, die nicht mehr mit dem Strafgesetz operiert. Die Law-and-Order-Politiker, die immer härtere Gesetze und Strafen fordern, wären als Handlanger der Mafia und des Terrorismus entlarvt, denn nur diesen Kriminellen nützen härtere Gesetze und Strafen – aber keinem suchtgefährdeten Menschen. Mit Krieg lässt sich der biologische Hang zum Rausch nicht ausschalten, jeder »Krieg gegen Drogen« ist deshalb schon aus evolutionären Gründen zum Scheitern verurteilt.

22. In Zukunft Feudalismus – warum die Schere zwischen Arm und Reich niemals schließt

Stellen wir uns vor, die gesamte Erde mit ihren derzeit 6,5 Milliarden Menschen sei ein Dorf mit 100 Einwohnern. In diesem globalen Dorf leben 51 Frauen und 49 Männer, aber das ist auch schon fast das Einzige, was gleichmäßig verteilt ist. Was die Rassen und Sprachen betrifft, sind 60 Dorfbewohner Asiaten, 14 Afrikaner, 14 Südamerikaner, elf Europäer und fünf Nordamerikaner; 13 Bewohner sprechen Chinesisch, fünf Spanisch, vier Englisch, drei Hindi und je zwei Portugiesisch und Russisch – die restlichen 71 Bewohner sprechen jeder eine verschiedene Sprache. Auf ihre Religion angesprochen, bezeichnen sich 33 Bewohner als Christen, 21 als Muslime, 15 als Hindus, sechs als Buddhisten sowie 16 als Agnostiker, die keiner Religion anhängen.

Im Lauf seiner langen Geschichte hat es das globale Dorf zu einigem Wohlstand gebracht, der in den historischen Anfängen unter den Bewohnern auch noch weitgehend gleich verteilt war, doch dann hatten vor einigen Jahrhunderten ein paar erfindungsreiche Bewohner begonnen, sich mit Waffen auszustatten und einige Gassen des Dorfs gewaltsam zu erobern, die Bewohner zu versklaven und die Bodenschätze auszubeuten. Diese Raubzüge verschafften ihnen die Mittel für weitere Waffen und Armeen, sodass sie bald alle schwächeren Bewohner und Häuser im Dorf unter ihre Kontrolle brachten. Gleichzeitig sorgten sie dafür, dass ein von den Dorfältesten in den Anfängen erlassenes Gesetz, dass Geld nur aus Mitgefühl, aber nicht gegen Zins verliehen werden durfte, abgeschafft wurde. Waren es bis dahin nur Gewalt und überlegene Waffen, die die Umverteilung des Wohlstands gesichert hatten, kam mit diesem neuen Geld ein weiterer Faktor dazu, mit der Sklaven unter Kontrolle gehalten werden konnten. Es vermehrte sich von selbst, wenn man es ihnen auslieh. So stieg der Wohlstand der Waffen- und Geldbesitzer nach und nach ins Unermessliche.

Ende des Jahres 2006 legten die Vereinten Nationen – eine Institution aller Dorfbewohner – die Ergebnisse einer Studie vor, die die aktuelle Verteilung des Wohlstands im globalen Dorf untersucht hat. Danach sind 50 Prozent des gesamten Vermögens im Besitz von zwei Bewohnern, diesen beiden allein gehört also die Hälfte der gesamten Welt; acht weitere können 35 Prozent des gesamten Wohlstands ihr Eigen nennen. Diesen zehn Bewohnern, denen zusammen also 85 Prozent gehören, stehen 50 Bewohner gegenüber, die alle zusammen nur über ein Prozent des Wohlstands verfügen. Dieser Hälfte der Dorfbewohnerschaft reichen ihre Einkünfte oft nicht einmal zum Essen und für ausreichend Trinkwasser. Verbleiben noch 40 Dorfbewohner, die über die restlichen 14 Prozent des Vermögens verfügen – *noch*, denn sie sind verschuldet, und der Zinsmechanismus sorgt dafür, dass ihr Vermögen immer schneller dahinschmilzt und ebenfalls bei den Superreichen landet.

Wenn wir uns das Ganze als großes Monopolyspiel mit 100 Spielern vorstellen, dann gehören zwei Spielern, über die Schlossallee und die Parkstraße hinaus, die Hälfte aller Straßen, aller Häuser und des Geldes, acht weitere kommen zusammen auf ein Drittel, und um den verbleibenden Rest von 15 Prozent schlagen sich 90 Spieler. Dass ein solches Spiel nicht funktionieren kann, weil die Verteilung der Chancen einfach nicht stimmt, ist offensichtlich; für 90 Prozent der Mitspieler kann so etwas wie Spielfreude überhaupt nicht aufkommen. Die Hälfte von ihnen nagt am Hungertuch und kommt kaum noch heil über die Runden – die andere Hälfte prügelt sich verbissen um den schmalen Wohlstandsrest, den die Supermonopolisten noch nicht vereinnahmt haben. Und von Runde zu Runde wird es enger …

Würden Sie da gerne mitspielen? Das ist eine rhetorische Frage, denn dies ist kein Spiel, sondern die Welt, in der wir leben müssen. Wir haben keine Wahl, einfach auf »Mensch ärgere dich nicht« umzusteigen, weil uns dieses Monopolyspiel zum Scheitern verurteilt und keinen Spaß macht. Wir sind mittendrin, entrichten als Zinssklaven täglich unseren Obolus und füttern das System: Jedes Brötchen, jedes U-Bahn-Ticket, jedes Telefongespräch ist mit Zinskosten belastet, ebenso wie jeder Gang zum Klo, denn auch in den Abwassergebühren stecken Zinsen. Wir können also gar nicht anders, als dafür zu sorgen, dass die Schere zwischen Arm und Reich immer weiter auseinandergeht.

Bald werden in unserem Dorf nicht mehr acht Bewohner über 85 Prozent des gesamten Vermögens verfügen, sondern sieben über 90 Prozent, dann sechs über 93 Prozent, wenig später fünf über 95 Prozent und so weiter. Worauf dieses Spiel hinausläuft, liegt auf der Hand: ein Feudalsystem, in dem nur einem Geldbesitzer das ganze Dorf gehört und die gesamte Bevölkerung sich in der Rolle besitzloser Leibeigener vorfindet. Nichts anderes kann das Ergebnis dieses Spiels sein, dessen Scheitern schon im System angelegt ist. Die einzige Möglichkeit, es zu stoppen, wäre, die Spielregeln zu ändern und die magische Selbstvermehrung des Geldes durch Zins und Zinseszins zu beenden.

Wo 90 Prozent der Dorfbevölkerung zwangsläufig zu den Verlierern des Spiels zählen, wundert es eigentlich, dass sie diese untauglichen Regeln nicht längst geändert haben. Und wäre es nur eine unsichtbare Hand, die diesen Markt regiert, hätte die 90-Prozent-Mehrheit der Mitspieler ihr auch schon längst auf die Finger geklopft. Doch hinter dieser unsichtbaren Hand steckt eine eiserne Faust, die mit Kanonenbooten, Flugzeugträgern und Soldaten dafür sorgt, dass an den Spielregeln nicht gerüttelt wird.

Also: Gehen Sie über »Los!« und ziehen Sie, solange es das noch gibt.

23. Der »Bankraub« des Jahrhunderts und wie seine Aufklärung scheiterte

Stellen wir uns vor, eine heimtückische Bande führt einen äußerst gewalttätigen Überfall auf eine Bank in einer Großstadt durch. Dabei treten einige Merkwürdigkeiten auf. Die Schalterbeamten sind nicht in der Lage, einen Alarm auszulösen, obwohl überall versteckte Alarmtasten vorhanden sind. Dem Wachpersonal der Bank gelingt es nicht, sofort die Polizei zu alarmieren, wie es bei vergangenen Überfällen immer geschah. Einigen Bankkunden kommt von daher der Verdacht, dass die Wachen möglicherweise die Order hatten, sich zurückzuhalten und nicht einzugreifen.

Die Polizei, die sonst innerhalb von Minuten auf der Bildfläche erscheint, lässt außergewöhnlich lange auf sich warten. Als bei ihr doch noch die Alarmglocken klingeln, machen sich erstaunlicherweise nicht die Einsatzkräfte der nächstliegenden, nur wenige Blocks entfernten Polizeiwache auf den Weg, sondern die aus einem abgelegenen Vorstadtrevier. Aber als das Überfallkommando endlich aufbricht, fährt es erst einmal in die entgegengesetzte Richtung, und als es am Tatort ankommt, ist es viel zu spät, die Bande noch zu erwischen.

Die Behörden scheinen von dem Bankraub nicht besonders überrascht zu sein. Nicht nur bleibt der Chef der nächstgelegenen Polizeiwache einfach an seinem Schreibtisch sitzen, statt bei der Bank um die Ecke nach dem Rechten zu sehen. Auch der Bürgermeister setzt seinen Fototermin an einer Grundschule in aller Ruhe fort. Er lässt sich von den Schulkindern 20 Minuten lang Geschichten vorlesen – nachdem ihm sein Assistent zugeflüstert hat, dass sich gerade der größte Bankraub in der Geschichte der Stadt ereignet.

In den Tagen danach kommen weitere Merkwürdigkeiten ans Tageslicht. Einige von den Räubern, die vom Polizeisprecher namentlich genannt werden, verfügen über sichere Alibis, sie hielten sich zur Zeit des Überfalls nachweislich gar nicht in der Stadt auf. Die Polizei erklärt dazu, dass eben gefälschte Pässe benutzt wurden, was in der Räuberbranche durchaus üblich sei. Wer sich hinter diesen falschen Identitäten verbirgt, wird aber auch später nie ermittelt und aufgeklärt. Darüber hinaus wird bekannt, dass einige der Räuber schon lange Zeit vor dem Überfall von der »Anti-Bankraub-Abteilung« der Polizei observiert worden waren. Auch sickert so langsam durch, dass aus einigen Nachbarstädten im Vorfeld über ein Dutzend Warnungen über die Pläne der Bande beim Bürgermeister eingegangen, aber allesamt ignoriert worden waren.

Zudem wird enthüllt, dass die Bankräuber Geschäftspartner der Familie des Bürgermeisters sind. Noch am Vorabend des Überfalls hatte der Vater des Bürgermeisters mit dem Bruder des Bandenchefs an einem Festbankett der gemeinsamen Firma teilgenommen. Und nicht zuletzt kommt heraus, dass ein jüngerer Bruder des Bürgermeisters Direktor der Firma ist, die für die Sicherheit der überfallenen Bank verantwortlich war. Er tritt daraufhin ebenso schnell von seinem Posten zurück, wie die Familie des Bandenchefs ihre Anteile an der Firma verkauft.

Trotz all dieser Merkwürdigkeiten weigert sich der Bürgermeister hartnäckig, einer Untersuchung dieses Bankraubs zuzustimmen: Dies sei zu aufwändig und würde Kräfte abziehen, die man zur Verhinderung künftiger Banküberfälle jetzt dringend benötige. Stattdessen offeriert er ein umfangreiches Paket neuer Gesetzesmaßnahmen, das die Freiheit von Bankkunden erheblich einschränkt. Es liegt schon vorbereitet in der

Schublade, und die Stadtverordneten stimmen ihm zu, ohne den Gesetzestext gelesen zu haben.

Erst auf massiven Druck der Hinterbliebenen stimmt der Bürgermeister nach 18 Monaten doch noch zu, den Fall untersuchen zu lassen – von einer »unabhängigen« Kommission, deren Mitglieder er aber persönlich auswählt. Die Kommission kommt zu dem Ergebnis, dass die Behörden, die Polizei und vor allem das Bürgermeisteramt keine Schuld trifft, sondern allein »Übermittlungsfehler« und »Kommunikationsprobleme« den Bankraub ermöglicht hätten.

Zwischenzeitlich ist bekannt geworden, dass am Tag des Bankraubs mehrere Polizeiübungen stattgefunden hatten, bei denen unter anderem die Reaktion auf eine heimtückische Bande bei einem gewalttätigen Banküberfall simuliert wurde. Dazu wurden auf den Radarschirmen der Polizei falsche Tatorte und falsche Fahrzeuge eingespielt, was zu großer Verwirrung in der Leitzentrale führte und die große Verspätung der Polizei beim tatsächlichen Überfall erklären könnte. Doch im ausführlichen Abschlussbericht der Kommission kommen diese Übungen nur in einer Fußnote vor. Auch die zahlreichen anderen Merkwürdigkeiten werden nicht geklärt, kein einziger Beamter wird zur Verantwortung gezogen. Der Bürgermeister lässt den voluminösen Bericht in Massenauflage drucken und kostenlos verteilen. Die Medien, die alle Verlautbarungen des Bürgermeisteramts stets eifrig mitstenographierten und ohne jede weitere Nachfrage verbreiteten, haken auch jetzt nicht nach.

»Geben Sie Acht auf das, was Sie sagen«, hatte der Sprecher des Bürgermeisters drohend gemahnt, als ein Journalist es einige Tage nach dem Bankraub gewagt hatte, eine der vielen Merkwürdigkeiten anzusprechen. Seitdem wurden bei den Pressekonferenzen keine kritischen Fragen mehr gestellt. Journalisten, die die Notwendigkeit eines globalen »Kriegs gegen den Bankraub« besonders grell ausmalten, wurden vom Bürgermeister mit Hintergrundinformationen und Interviews belohnt, die wenigen Kollegen, die weiter eine genaue Untersuchung des Bankraubs forderten, erhalten keine Sendezeit mehr.

Schon bald dominierten die sensationellen Meldungen über die Erfolge in diesem Krieg sämtliche Nachrichten; die Sender und Blätter, die mit Exklusivnachrichten des »commander in chief« aufwarten konnten, steigerten ihre Einschaltquoten und Profite. Noch mehr verdienten die einflussreichen Rüstungsunternehmen der Stadt, die nun einen Großauftrag nach dem anderen erhielten. Dass die Familie des Bürgermeisters, des Vizebürgermeisters und einige weitere Ratsherren an diesen Unternehmen beteiligt waren, tauchte in den Medien allenfalls als einmalige Kurznachricht auf. Dafür war aber nun ständig von der allgegenwärtigen »Bankraubgefahr« die Rede.

Auch nach fast sechs Jahren ist der größte Bankraub aller Zeiten immer noch unaufgeklärt, im »Krieg gegen den Bankraub« hat der Bürgermeister jedoch schon drei entfernte Städte überfallen und zerstört – weil sie angeblich potentielle Bankräuber beherbergen. Zwar wurde seine eigene Stadt von einem weiteren Bankraub verschont, in anderen Gegenden der Welt jedoch haben die Überfälle zugenommen.

In den Städten, die der Bürgermeister überfallen ließ, um sie von Bankräubern zu befreien, herrscht offener oder verdeckter Bürgerkrieg. Doch immer dann, wenn das Chaos, das sein Krieg draußen anrichtet, ihn zu Hause Sympathien zu kosten droht, macht der Bürgermeister neue Bankräuber in einer neuen, weit entfernt liegenden Stadt aus, die von diesem Übel dringend »befreit« werden muss; um die Heimat zu schützen.

Dass der Bürgermeister in jeder Hinsicht gescheitert ist, weil er den größten Bankraub der Geschichte nicht aufgeklärt und keinen Schuldigen zur Verantwortung gezogen hat, sondern stattdessen mit seinem »Krieg« mehr und nicht weniger Bankraubgefahren heraufbeschworen hat, ist offensichtlich. Was also tun? Welche Möglichkeiten gibt es, den Bürgermeister und seine Finanziers zu stoppen in ihrem permanenten Krieg? Nach langem Beratschlagen kommen die besorgten Bürger zu dem Schluss, dass sie nur eine Möglichkeit haben: Der ursprüngliche Bankraub, der den ganzen »Krieg gegen den Bankraub« auslöste, muss neu untersucht werden. Nur wenn die Täter, die Hintermänner und der genaue Ablauf vollständig und widerspruchsfrei ermittelt werden, lassen sich künftige Banküberfälle wirkungsvoll verhindern. Da sie mit ihren Forderungen, die Ermittlungen neu aufzurollen, beim Bürgermeisteramt und der Stadtverwaltung auf taube Ohren stoßen, wenden sie sich an besorgte Bürger weltweit und erarbeiten eine Petition an die UNO. Der größte Bankraub aller Zeiten, der nachhaltige Folgen für die gesamte Welt hatte, kann nicht von einem korrupten und möglicherweise in den Fall verwickelten Bürgermeister durchgeführt werden, sondern nur von einer wirklich unabhängigen, international besetzten Kommission.

Die Großmedien, die mit der Angst und dem Krieg gegen den Bankraub gute Geschäfte machen, greifen das Thema freilich immer noch nicht auf: Sie befürchten, damit unglaubwürdig zu werden, haben sie doch seit mehr als fünf Jahre die Presseverlautbarungen des Bürgermeisters als selbstverständliche Wahrheit in alle Welt trompetet. Als »Säule der Demokratie« hätten die Journalisten normalerweise jede dieser Verlautbarungen kritisch beäugen und hinterfragen müssen, doch mit dieser Aufgabe sind sie völlig gescheitert und von Investigatoren und Kritikern zu Stenographen und Märchenerzählern degeneriert.

So kam es dann, ganz wie im Märchen, dass der Bürgermeister immer noch im Amt ist … und wenn er nicht gestorben ist, dann regiert er noch heute.

24. Die Heimtücke der Haushaltsleiter – warum die Angst vor dem Terrorismus vergleichsweise lächerlich ist

Zwar leben wir in einer »Risikogesellschaft«, was aber die Abschätzung und Einschätzung von Risiken angeht, tun sich Missverhältnisse auf, die nur mit St. Murphy erklärt werden können.

Zum Beispiel kommt man hierzulande etwa hundertmal eher bei einem Sturz von einer Haushaltsleiter ums Leben als durch den Terrorismus, aber auf die Idee, dagegen einen Krieg zu führen, ist noch niemand verfallen. Dass Haushaltsleitern eine »ernste Bedrohung« für unser Land darstellen, hat man noch niemanden sagen hören, und wer fordern würde, angesichts dieser jährlichen Todesrate die Bundeswehr einzusetzen, machte sich lächerlich. Auch wenn der Bereitschaftsdienst eines Soldaten pro Wohnblock, der schwindelanfälligen alten Damen jederzeit beim Auswechseln von Glühbirnen zur Hand ginge, die Sicherheit des Landes natürlich erhöhen würde. Ich brauche bloß an gelegentliche Heimwerker wie meinen Freund W. zu denken – einen risikofreudigen Liebhaber schneller Motorräder und Autos, der sich nicht bei Tempo 250, sondern beim Sturz von einer fünfstufigen Haushaltsleiter lebensgefährlich verletzte –, den hätte so ein stets abrufbarer Leiterdienst der Bundeswehr vor dem Schlimmsten bewahren können. Die unbescholtene Hausfrau und Mutter, die beim Gardinenaufhängen ins Taumeln gerät und – rummmms! – drei Waisen hinterlässt, sie könnte gerettet werden, wenn wir die Armee künftig im Inneren unserer Haushalte einsetzten.

Wobei diese Haushaltsleitern, die ihre ahnungslosen Opfer heimtückisch in den Tod reißen, ja nur ein Beispiel für die vielfältigen Gefahren sind, die den Bürgerinnen und Bürgern innerhalb ihrer eigenen vier Wände drohen. Gerade da, wo sie sich am sichersten fühlen, lauern paradoxerweise die unheimlichsten Gefahren. Dass hier zum Zwecke der Gefahrenabwehr dringender Handlungsbedarf besteht, leuchtet unmittelbar ein; das Leben Tausender Unschuldiger – vor allem Frauen, Alte und Kinder – könnte gerettet werden, wenn diese Sicherheitslücke durch die Bundeswehr geschlossen werden würde.

Allein, die Haushaltsleiter hat als Bedrohung der inneren Sicherheit keinerlei Lobby, die Hunderte von Toten, die Jahr für Jahr auf ihr Konto gehen, werden stillschweigend ignoriert, und für die Medien ist ein derart banaler Todessturz erst recht kein Thema. Deshalb dürfte es schwierig werden, den notwendigen öffentlichen Druck für eine Verfassungsänderung zu erzeugen, mit der ein Einsatz der Bundeswehr im Inneren erst möglich wäre. Derzeit verhindert das Grundgesetz den lebensrettenden Leiterdienst nämlich noch – und damit die Abwehr einer Gefahr, die den Vätern unserer Verfassung noch gar nicht bewusst war. Sonst hätten sie sicher keine Sekunde gezögert, hier den Einsatz der Armee zur Sicherheit der Bevölkerung festzuschreiben. Wie harmlose Schläfer lauern die Haushaltsleitern überall im Lande in dunklen Ecken, Garagen, Kellern – stets bereit, ihre unbedarften Opfer in den Tod zu reißen, aus heiterem Himmel und ohne jede Vorwarnung. Und ohne jeden Aufschrei der Politik, der Kirchen, der Medien angesichts dieser tagtäglichen, lebensbedrohlichen Gefahr, die sich – zugegeben – nie völlig eliminieren, aber dank einer Sicherheitsbrigade der Bundeswehr doch erheblich eindämmen lassen könnte.

Hoffnung macht allerdings das stete Bohren der CDU, ihrer Kanzlerin Dr. A. Merkel und ihres Innenministers Dr. W. Schäuble (besonders heftig im Vorfeld der Fußballweltmeisterschaft): Sie möchten der Bundeswehr den Einsatz im Inneren ermöglichen, um im »Kampf gegen den Terrorismus«

mehr Sicherheit zu schaffen. Noch ist nicht klar, wie das genau funktionieren soll – hilft ein Panzer auf der Kreuzung gegen explodierende Rucksäcke in der U-Bahn? –, die landesweite Verteilung olivgrüner Männchen und ihrer Gerätschaften auf Straßen und Plätzen könnte aber immerhin die »gefühlte« Sicherheit erhöhen. Eben hier müsste man ansetzen: Wenn unsere Soldaten nun sowieso schon überall rumstehen, gegen Terroristen aber gar eigentlich nichts ausrichten können, sollte man sie dann nicht gegen den grassierenden Leitertod in Stellung bringen? Was hilft es dem Bürger, wenn er dem Terror in der U-Bahn entgeht und dann zu Hause von der Leiter fällt …

25. Schlagen Sie Ihre Frau noch? Das Scheitern einer Sonderbefragung muslimischer Einbürgerungswilliger

Das Innenministerium Baden-Württembergs hat zum 1. Januar 2006 eine Sonderbefragung muslimischer Einbürgerungswilliger eingeführt. Wer dem islamischen Glauben angehört und die deutsche Staatsbürgerschaft erhalten will, muss nicht nur, wie alle anderen Deutschen in spe, ein allgemeines Bekenntnis zur freiheitlich demokratischen Grundordnung unterschreiben, sondern auch noch einen Loyalitätstest ablegen. Man habe »Zweifel, ob bei Muslimen generell davon auszugehen sei, dass ihr Bekenntnis bei der Einbürgerung auch ihrer tatsächlichen inneren Einstellung entspreche«, teilt das Innenministerium mit. Um diese Zweifel auszuräumen, hat das Ministerium einen Gesprächsleitfaden an die 44 Einbürgerungsbehörden verschickt, der einen Katalog von 30 Fragen enthält. Damit soll die »tatsächliche innere Einstellung« der Kandidaten überprüft werden.

Wie unterscheidet man nun einen frommen Muslim von einem fanatischen Islamisten? Das Stuttgarter Ministerium hat sich dazu einiges einfallen lassen:

- »Ihr Sohn/Bruder kommt nach Hause und erzählt, er sei beleidigt worden. Was tun Sie als Vater/Mutter/Bruder/Schwester?«
- »Stellen Sie sich vor, Ihr volljähriger Sohn kommt zu Ihnen und erklärt, er sei homosexuell und möchte gerne mit einem anderen Mann zusammenleben. Wie reagieren Sie?«
- »Wie stehen Sie zu der Aussage, dass die Frau ihrem Ehemann gehorchen soll und dass dieser sie schlagen darf, wenn sie ihm nicht gehorsam ist?«
- »Ihre Tochter bewirbt sich um eine Stelle in Deutschland.

Sie bekommt jedoch ein ablehnendes Schreiben. Später erfahren Sie, dass eine Schwarzafrikanerin aus Somalia die Stelle bekommen hat. Wie verhalten Sie sich?«
- »Halten Sie es für zulässig, dass ein Mann seine Frau oder seine Tochter zu Hause einschließt, um zu verhindern, dass sie ihm in der Öffentlichkeit ›Schande macht‹?«

Wenn das pubertäre Früchtchen schon zum zweiten Mal bei Douglas Kosmetik geklaut hat, könnten ein paar Tage Hausarrest zwar nicht schaden, der Muslim-Deutsche freilich fällt durch, wenn er diese Gesinnung teilt und so etwas hinschreibt. Und wie reagiert der Eindeutschungswillige auf die Fangfrage mit dem schwulen Sohn? Wenn er jetzt antworten würde: »Ich bitte Herrn Westerwelle, als Trauzeuge der Homo-Eheschließung beizuwohnen!«, dann hätte er mit Sicherheit gute Chancen auf eine positive Bewertung.

Schwieriger wird es dann im politischen Teil des Katalogs: Was darf, was muss, was soll der Kandidat von folgenden Aussagen halten?

- »Demokratie ist die schlechteste Regierungsform, die wir haben, aber die beste, die es gibt.«
- »Die Menschheit hat noch nie eine so dunkle Phase wie unter der Demokratie erlebt. Damit der Mensch sich von der Demokratie befreien kann, muss er zuerst begreifen, dass die Demokratie den Menschen nichts Gutes geben kann ...«

Falls der Bewerber Letzteres bejaht, ist er natürlich schon in die Falle getappt, doch so leicht lassen sich die schwäbischen Teutonenprüfer nicht hinters Licht führen, auch wenn er sich hier noch als Superdemokrat, Zigarrenraucher und Churchill-

Fan outet. Denn jetzt kommen die raffinierten Fragen zum Thema Terrorismus:

- »Sie erfahren, dass Leute aus Ihrer Nachbarschaft oder aus Ihrem Freundes- oder Bekanntenkreis einen terroristischer Anschlag begangen haben oder planen. Wie verhalten Sie sich? Was tun Sie?«

Ein glatter Durchfaller wäre da wohl: »Ich sorge dafür, dass mir Ahmed vorher noch den BMW überschreibt, denn im Paradies braucht er ihn ja nicht mehr.« Heikel auch: »Ich rufe sofort im Weißen Haus an und alarmiere George W. Bush, damit er das ganze Viertel dem Erdboden gleichmacht«, denn das könnte dagegen als unernste Übertreibung negativ gewertet werden. Hier gilt es für den Bewerber, eine ausgewogene Mittellage zu treffen. Etwa: »Ich entwende Ahmed und Ali den Sprengstoff und schicke ihn als Briefbombe an Osama Bin Laden.«

Mit dieser Antwort kann man auch gleich geschickt zur Beantwortung der nächsten Superfrage überleiten:

- »Sie haben von den Anschlägen am 11. September 2001 in New York und am 11. März 2004 in Madrid gehört. Waren die Täter in Ihren Augen Terroristen oder Freiheitskämpfer? Erläutern Sie Ihre Aussage.«

Das Ministerium bittet hier nicht nur um Erläuterungen über Taten, deren Hintergründe in keiner Weise befriedigend aufgeklärt sind, sondern auch um Erklärungen einer Differenz, die selbst Politologen und andere Fachleute schwer ins Schleudern bringt: den Unterschied zwischen Terroristen und Freiheitskämpfern. Mit der einfachen Antwort: »Eindeutig Terroristen, denn Freiheitskämpfer haben als Selbstmordbomber nie Fluganleitungen, Testamente und Korane im Koffer dabei!«, sollten künftige Neudeutsche aber auf der richtigen Seite liegen. Recht einfach scheint hingegen die Beantwortung der folgenden Frage zu sein:

- »Manche Leute machen die Juden für alles Böse in der Welt verantwortlich und behaupten sogar, sie steckten hinter den Anschlägen vom 11. September 2001 in New York? Was halten Sie von solchen Behauptungen?«

Ganz falsch: »Wenn Negerschlampen meiner Tochter den Job wegschnappen und schwule Autoverkäufer meinen Sohn heiraten wollen, ist doch wohl klar, wer hinter allem steckt!« Mit einer solchen Antwort auf Frage Nr. 27 würde der künftige Deutsch-Islamist, der sich bisher tarnend und täuschend durchgemogelt hat, alles kaputtmachen. Unmöglich auch – und zudem strafbar – ist es, ins Horn des irren iranischen Präsidenten zu stoßen, mit dem Taschenrechner am Holocaust zu zweifeln und die Verlegung Israels nach Meck-Pomm zu fordern. Mit einem knappen »gar nichts« dagegen ist die Eindeutschung so gut wie geschafft – und einer Zukunft als »Schläfer« im Schwabenländle steht nichts mehr im Wege.

Während das Ministerium die Einführung dieser Sonderbefragung verteidigte, konnten unterdessen Meldungen über verschärfte Religionskontrollen an den Flughäfen des Bundeslandes nicht bestätigt werden. Bei dem angeblich von einer Schwarzwälder Schinkenfirma gesponserten Experiment sollten vor dem Boarding Häppchen gereicht werden, um den guten, legeren Turbanträger von der fanatischen, terrorbereiten Wickelmütze zu unterscheiden. Nach Protesten seitens der jüdischen Gemeinde und der katholischen Vegetarier wurde der Schweinefleischtest dann aber vorzeitig abgeblasen …

26. »Ana raicha Al Qaeda« – die gescheiterte Namensgebung einer Terrorbande

»Als Kaiser Rotbart lobesam ins heilige Land gezogen kam …«, dichtete Ludwig Uhland einst über die mittelalterlichen Kreuzzüge, wobei die Bewohner der betroffenen Gebiete das mit dem »lobesam« naturgemäß etwas anders sahen. Für sie waren die unzivilisierten »Nordmänner«, die nichts von Medizin, Mathematik und Wissenschaft verstanden, blutrünstige Bestien und Barbarossa ein Barbar.

»Zur Rechten sieht man wie zur Linken einen halben Türken heruntersinken.« Ausgespart allerdings haben der wackere Schwabe Uhland wie auch die westliche Geschichtsschreibung, was die Kreuzritter mit ihren derart tranchierten Gegnern veranstalteten. Sie wurden aufgrund einer schweren Dürre und Hungersnot in der Türkei von den fränkischen Kriegern verspeist. »In Maara kochten unsere Leute die erwachsenen Heiden in Kesseln, zogen die Kinder auf Spieße und aßen sie geröstet«, berichtet der französische Chronist Raoul de Caen anno 1098 in die katholische Heimat.

In der arabischen Welt verbreiteten die Nachrichten von den türkenfressenden Invasoren schieres Entsetzen. Bis heute, so Amin Malouf in seinem Buch *Der Heilige Krieg der Barbaren. Die Kreuzzüge aus Sicht der Araber*, sind die »Franken« in Volksliedern die »Menschenfresser«.

Etwas über 900 Jahre später scheinen die Verhältnisse umgedreht: Die barbarischen Massenmörder kommen aus der arabischen Welt, und seit der Gräueltat des 11.9. verbreitet ihr Ruf im Westen Entsetzen – in Form eines diabolischen Terrornetzwerks von »Schläfern«, das jederzeit und in jeder Stadt zuschlagen kann. Der Name dieser Organisation, »Al Qaida«, ist allerdings eine Erfindung des Westens, weder sind Manifeste oder Bekennerschreiben unter diesem Namen bekannt, noch hat Osama Bin Laden, ihr vermeintlicher Chef, ihn selbst verwendet.

»Für seine eigene Gruppe hat er diesen Namen nie benutzt. Wenn man sie benennen sollte, würde man ›Bin Laden Gruppe‹ sagen – Al Qaida ist nur die Liste all der Leute, die irgendwann in das Gästehaus in Peschawar kamen. Insgesamt bestimmt 20 000 bis 30 000 Leute, die man unmöglich verfolgen kann. Das meiste dazu ist ohnehin in den Händen der saudischen Regierung, denn die Leute benutzten saudische Airlines, zu einem stark verbilligten Preis. Nur 25 Prozent des normalen Preises nach Islamabad …« Sagt der Arzt Saad Al-Faghi, der Bin Ladens Billigflieger in den afghanischen Camps medizinisch betreut hat. Al Qaida – keine Organisation, kein Terrornetzwerk, keine Ausgeburt des Bösen, nur eine Liste.

Im Arabischen hat *Al-Qaeda* verschiedene Bedeutungen, darunter »Basis«, »Grund«, »Norm«, »Regel«, »Fundament«, »Grammatik«. Die genaue Bedeutung hängt vom Zusammenhang ab, in dem das Wort benutzt wird, entscheidend ist das Wort, das im Satz auf *Al-Qaeda* folgt. *Qawa'ad Askaria* etwa ist eine Armeebasis, *Qawa'ad Lugha* heißt Grammatikregel (Basis der Grammatik).

Offensichtlich also stehen die Amerikaner mit den Regeln der arabischen Sprache ebenso auf Kriegsfuß wie mit dem Terror, denn: »*Qa'ada* ist der Infinitiv des Verbs ›sitzen‹. *Ma-Qa'ad* ist ein Stuhl, *Al-Qaeda* ist die Basis oder das Fundament von etwas. *Ana raicha Al-Qaeda* ist der umgangssprachliche Ausdruck für ›ich gehe zur Toilette‹. Ein sehr verbreiteter Gebrauch des Worts *Al-Qaeda* in vielen arabischen Ländern ist der für ›Toilettenschüssel‹. Das kommt von dem Wort *Qa'ada*, das ›sitzen‹ heißt, eben auf der Toilette. In den meisten arabischen Häusern gibt es zwei Arten Toiletten. *Al-Qaeda* heißt auch *Hamam Franji* oder ›fremde Toilette‹, während *Hamam Arabi* arabische Toilette bedeutet und nur aus einem Loch im Boden besteht. Und bevor wir es vergessen: Das Töpfchen, das kleine Kinder benutzen, wird *Ma Qa'adia* – kleine Qaeda – genannt.«

Die Journalistin Kawther Salam, der ich diese semantischen Erläuterungen verdanke – ich habe sie einem vereidigten Arabisch-Übersetzer vorgelegt, der sie bestätigte, vor allem der *Ma Qa'adia* ist umgangssprachlich gang und gäbe, nicht als Jugendorganisation Osamas, sondern als Pisspot –, bemerkt dazu in ihrem Blogeintrag: »Diejenigen, welche die glorreiche Internationale des Islamischen Terrors ›Al Qaida‹ gründeten, wussten vielleicht zu wenig über den gewöhnlichen Gebrauch der arabischen Sprache, um zu wissen, dass sie mit diesem Namen für eine Organisation riskierten, zum Gespött von jedem zu werden, der die arabische Umgangssprache spricht.«

Die Araber gaben den westlichen Barbaren einst Namen, die ihrer Herkunft (»Franken«) und ihrer grässlichsten Tätigkeit entsprachen (»Menschenfresser«) – und wir wären mit konkreten Namen von Gruppen, »Arabern« und »Selbstmordpiloten« heute wahrscheinlich besser bedient, als den Mythos einer Terrororganisation zu pflegen, über deren Namen »Al Qaida« sich Kinder in die Hosen machen – nicht vor Angst, sondern vor Lachen …

27. Kreuzritter ohne Pferd und Tadel – über einen gescheiterten Hippophobiker mit Messias-Komplex

Die Geschichte des »kleinen Hans«, eines Jungen mit einer Pferdephobie, gehört zu den klassischen Fallbeschreibungen Sigmund Freuds. Der Begründer der Psychoanalyse interpretierte das Pferd als Vater und die übermäßige Furcht des kleinen Hans als Kastrationsangst durch den drohenden Konkurrenten im »ödipalen« Kampf um die Mutter. Freud hat den Fall des kleinen Hans als Musterbeispiel für seine Sexualtheorie auch in seinem Spätwerk oft zitiert. Und ein Blick auf diese Patientengeschichte mag auch bei der Analyse eines aktuellen Patienten hilfreich sein: des gescheiterten Kriegsherrn, »Cowboys« und heimlichen Hippophobikers George W. Bush.

Den Fall des kleinen Hans, der von Freud in seiner »Analyse der Phobie eines fünfjährigen Knaben« 1909 ausführlich beschrieben wurde, skizziert das Handbuch *Klinische Psychologie* (Davison/Neal, 1988) wie folgt:

»Zwei Jahre vor Ausbruch seiner Phobie zeigte der seinerzeit dreijährige Hans ein besonders lebhaftes Interesse für den Teil seines Körpers, den er als ›Wiwimacher‹ zu bezeichnen gewohnt war. Als er dreieinhalb Jahre war, ertappte ihn seine Mutter mit der Hand am Penis und drohte, man werde ihm den Penis abschneiden, wenn er das noch einmal tue. Mit viereinhalb Jahren, so wird weiter berichtet, habe Hans während eines sommerlichen Ferienaufenthaltes versucht, seine Mutter zu ›verführen‹. Als die Mutter ihn einmal, jede Berührung peinlich vermeidend, um den Penis herum puderte, sagte Hans: ›Weshalb gibst du denn nicht den Finger hin?‹ – ›Weil das eine Schweinerei ist‹, antwortete die Mutter. Darauf Hans: ›Was ist das, eine Schweinerei? Warum denn?‹ Mutter: ›Weil es unanständig ist.‹ Hans, lachend: ›Aber lustig.‹ … Erstmals bemerkbar machte sich die Phobie etwa sechs Monate später während eines Spaziergangs mit dem Kindermädchen. Hans wurde Zeuge, wie ein Pferdefuhrwerk umstürzte, fing an zu weinen und wollte nach Hause, um mit der Mutter zu ›schmusen‹. Später erklärte er, er fürchte sich, aus dem Haus zu gehen, weil ein Pferd ihn beißen könne, und bald wurden seine Ängste detaillierter und richteten sich gegen das, ›was die Pferde vor ihren Augen haben und das Schwarze vor ihrem Mund‹.«

Soweit Freuds Musterbeispiel für eine Angstneurose und die Verwandlung libidinöser, auf die Mutter gerichteter Energie in Angst vor dem Vater und ihre Verschiebung auf Pferde.

Wir wissen nicht, ob zwischen der starken Mutter Barbara, dem kleinen George W. und seinem »Wiwimacher« Ähnliches vorgefallen ist. Dass er aber als erwachsener Präsident und mächtigster Mann der Welt immer noch Angst vor Pferden hat, ist eines seiner wohlgehüteten Geheimnisse. Während des letzten Vorwahlkampfs forderten Unterstützer des ehemaligen NATO-Oberbefehlshabers und demokratischen Präsidentschaftskandidaten Wesley Clarke, dass der General sich in seinen Spots hoch zu Ross zeigen solle, um den hippophoben Bush zu demütigen und den selbsternannten Cowboy definitiv als Fake zu entlarven. Schließlich hatte sich auch der Schauspieler Ronald Reagan als Präsident zwar nicht als Westernheld geriert, sich aber gern und selbstverständlich zu Pferde auf seiner kalifornischen Ranch ablichten lassen, im karierten Hemd, beim Ausbessern der Zäune … willkommen im Marlboro-Land! Dass von dem reitunfähigen George W. Bush solche Aufnahmen nicht existieren – obwohl ihm als »freedom fighter« doch derlei Geschmack von Freiheit und Abenteuer bestens zu Gesicht stünde –, ist also kein Zufall. Und es lässt tief blicken, dass die PR- und Image-Berater Bushs es nicht einmal mit einem valiumgetränkten Gaul versuchten, wo doch ein Cowboy ohne Pferd so etwas ist wie Bayern ohne Bier oder die Alpen ohne Berge, also völlig unmöglich …

Auch wenn man die Freudsche Psychoanalyse nicht für der Weisheit letzten Schluss und es eher mit James Hillman & Michael Ventura und ihrem Buch *100 Jahre Psychotherapie – und der Welt geht's immer schlechter* hält, scheint der Zusammenhang der Pferdeangst des Präsidenten mit seinem Vater nicht so einfach von der Hand zu weisen zu sein. In seinem Buch über die Hintergründe der Entscheidung zum Irakkrieg berichtet Bob Woodward Erstaunliches:

»Hat Mr. Bush seinen Vater um Rat gefragt? Ich fragte den Präsidenten dazu, und Präsident Bush sagte: ›Well, no‹, und ging darüber in die Defensive. Und dann sagte er etwas, was mich sprachlos machte: ›Er ist der falsche Vater, um ihn um Rat zu bitten. Der falsche Vater, um zu ihm zu gehen und um Stärke zu bitten.‹ Und dann sagte er: ›Da ist ein höherer Vater, den ich darum bitte.‹«

Nicht nur seinen Vater hatte der Präsident nicht gefragt, Woodward erfuhr zu seinem Erschrecken auch noch, dass der Präsident auch keines seiner führenden Kabinettsmitglieder um Rat gebeten hatte. »Bei seiner Entscheidung, in den Krieg zu ziehen, fragte der Präsident weder den Verteidigungsminister um eine grundsätzliche Empfehlung noch den Außenminister … Aber der Präsident fragte Condi Rice, die nationale Sicherheitsberaterin, und Karen Hughes, seine politische Kommunikationsberaterin.« Beide, so Woodward, unterstützten den Kriegszug.

Neben dem Pferde- und Vaterkomplex und einem Hang zu Übermuttis hat sich Bush in seiner Neurotikerkarriere offenbar auch noch einen schweren Messias-Komplex eingefangen und glaubt tatsächlich – in erschreckender Parallelität zu seinem terroristischen Gegenspieler Osama Bin Laden –, in göttlicher

Mission unterwegs zu sein. Wenn Bomben im Namen des Herrn losgehen, ist irdischer Rat, gar von erfahrenen Ministern und Militärs, nicht mehr vonnöten. Und so sind in Bushs Weißem Haus rationale Kommunikation und Konsultationen offenbar weitgehend außer Kraft gesetzt worden – und ersetzt worden durch die Eingebungen höherer metaphysischer Instanzen auf der einen sowie durch primitive, primatenhafte Körpersprache auf der anderen Seite.

Der Präsident berichtete Woodward, wie er mit General Tommy Franks, dem damaligen Oberkommandierenden, persönlich über den Kriegsplan für den Irak gesprochen hatte:

»›Ich beobachtete seine Körpersprache sehr genau‹, erinnerte sich Herr Bush. Er betonte die Körpersprache, die Augen, die Haltung. … ›Ist das gut genug für den Sieg?‹, erinnerte er sich, Franks gefragt zu haben, während er sich dabei in seinem Stuhl nach vorne beugte und seine Hand in einer Geste des Schneidens vor meinem Gesicht sausen ließ, um die Szene darzustellen.«

Seit Jane Goodalls Beobachtungen von Schimpansen, so die Kolumnistin der *New York Times*, Maureen Dowd, hätte es »eine derart lebendige Studie nonverbalen Primatenverhaltens«, wie sie derzeit von den Alpha-Männchen in Washington zelebriert würde, nicht mehr gegeben. Neben dem kleinen George, als Kreuzritter ohne Pferd und Tadel, dominiert da vor allem der starke Dick – Vizepräsident Cheney – das Feld. Zu einer luxuriösen Jagdparty ließ er nicht nur den wichtigsten Verfassungsrichter samt Familie auf Staatskosten einfliegen, sondern auch 500 Fasane und Enten einkaufen, die den Hobbykillern vor die Flinte getrieben wurden – nicht erst seit Hermann Göring eine durchaus übliche Methode, höheren Jagdherrschaften Befriedigung zu verschaffen. Dass er dabei allerdings einem Jagdkameraden eine Ladung Schrot ins Gesicht schoss, ist von dem NS-Granden nicht überliefert.

Doch bevor wir anhand des Verhältnisses von Mensch und Tier hier weiter auf den Charakter schließen – und am Ende noch ins Grübeln geraten, warum ausgerechnet Israels Expremier Ariel Scharon ein Liebhaber deutscher Schäferhunde war –, rufen wir doch lieber nach den Experten für die gescheiterten Cowboys im Weißen Haus. Primaten-Therapeuten, übernehmen Sie!

28. Das Scheitern der Medien – warum die »vierte Säule« der Demokratie völlig ruiniert ist

»Journalisten müssen Abschied nehmen von ihrem alten Aufklärungsideal. Ein Medienunternehmen ist in erster Linie ein Wirtschaftsunternehmen. Das größte Problem liegt in den Köpfen der Journalisten selbst: Sie sollten weniger an sich und mehr an ihre Kunden denken. Die entscheidende Frage ist heute: Wie fasziniere ich meine Leser, Zuhörer oder Zuschauer in Zeiten, in denen es unzählige Medienangebote gibt?«, sagt Norbert Bolz, Medienwissenschaftler an der TU Berlin, und findet, dass das ehemalige Nachrichtenmagazin *Der Spiegel* diesen Schritt schon vollzogen hat: »*Spiegel*-Storys sind heute glatter und unkritischer – und damit zeitgemäßer. Der kritische Aufklärungsjournalismus ist überholt. Seine Vertreter sind nur noch damit beschäftigt, die Vergangenheit zu verklären.« Dennoch, so Bolz: »Es gibt keinen Grund zum Pessimismus. Die Angebotsvielfalt in den Medien und die Informationschancen von uns Mediennutzern nehmen enorm zu. Wir haben wirklich unglaublich viele Möglichkeiten, uns über die Welt zu informieren. Nur sind die einzelnen Berichte nicht mehr so voller vordergründiger Kritik und Reflexion wie noch vor 20 Jahren. Stattdessen erleben wir einen regelrechten Wettbewerb der Meinungen und Informationen.«

Auch wenn wir es dahingestellt sein lassen, ob Professor Bolz das ernst meint oder nur mal zwecks Provokation ein bisschen heiße Luft absondern wollte, bleibt seine Argumentation von erschreckender Einfalt: Aufklärungsjournalismus ist tot, Journalisten sind dem Markt (und nicht der »Wahrheit«) verpflichtet, sie sollen ihre Leser und Zuschauer faszinieren und nicht mit harten Rechercheergebnissen belästigen, aber das ist alles ganz prima, weil wir ja »unglaublich viele

Möglichkeiten« haben, den medialen Umgang mit der Welt zu pflegen.

Na klar, wem der *Spiegel* nicht gefällt, der kann *Focus* lesen, wer sich auf SAT 1 nicht informiert fühlt, zu RTL umschalten, und wem die *Welt* zuviel Reflexion enthält, für den gibt es schließlich *Bild* … also eine unglaubliche Vielfalt, sich über den Organhandel mit Leichenteilen der liquidierten Gefangenen in China zu informieren, über die subversiven Machenschaften der US-Ölindustrie gegen den Klimaschutz, über die Aufklärung der Verbrechen des 11.9., den »war on terror« oder auch darüber, wie und warum die demografische Entwicklung politisch instrumentalisiert wird, um den Abbau des Sozialstaats zu begründen und so weiter.

»Vielfaltspinsel« wie der Medienwissenschaftler Bolz haben natürlich Recht, was die mit dem Internet im letzten Jahrzehnt entstandenen Informationsmöglichkeiten betrifft. Wer Google und halbwegs Englisch beherrscht, kann sich in der Tat eine Unmenge Informationen beschaffen. Zur wirksamen »Nachricht« und somit relevant werden solche Informationen freilich erst dann, wenn sie in die Wiederholungsschleife der großen Medienkanäle gelangen – und eben an dieser Schwelle mutiert die Vielfalt zum Einheits- und Einheiz-Brei. Erst das Einhämmern durch permanente Wiederholung, erst die Penetration, macht aus einer Nachricht ein allgemein akzeptiertes Faktum.

Die nicht vorhandenen Massenvernichtungswaffen des Irak etwa, auf deren Abwesenheit von UN-Kontrolleuren und anderen Landeskennern durchaus hingewiesen wurde, konnten nur deshalb zu einem veritablen Kriegsgrund werden, weil ihre Existenz wieder und wieder behauptet und diese Behauptung von den Großmedien unhinterfragt wiederholt wurde. Offensichtlichen Fälschungen – wie die Dokumente über Urankäufe des Irak in Afrika oder Fotos von Aluminiumröhren für Langstreckenraketen – wurde Dignität und Faktizität verschafft, indem große Medienkanäle und Zeitungen permanent darüber berichteten. Die Aussagen der UN-Kontrolleure über die Abwesenheit von Massenvernichtungswaffen hingegen tauchten stets nur kurz auf und dann dauerhaft ab – der Eingang in die Wiederholungsschleife wurde ihnen verwehrt, weshalb sie es nicht zur öffentlichkeitswirksamen Nachricht brachten.

Wer sind die Torwächter und Wachhunde, die darüber entscheiden, was durch ständige Wiederholung zur »Wahrheit« promoviert wird, wie steht es um die Unabhängigkeit der Journalisten? Hören wir dazu kurz in eine Rede vor dem ehrwürdigen New Yorker Presseclub hinein:

»Bis zum heutigen Tag gibt es so etwas wie eine unabhängige Presse in der Weltgeschichte nicht. Sie wissen es, und ich weiß es. Es gibt niemanden unter Ihnen, der es wagt, seine ehrliche Meinung zu schreiben, und wenn er es tut, weiß er im Voraus, dass sie nicht im Druck erscheint. Ich werde jede Woche dafür bezahlt, meine ehrliche Meinung aus der Zeitung herauszuhalten, bei der ich angestellt bin. Andere von Ihnen werden ähnlich bezahlt für ähnliche Dinge, und jeder von Ihnen, der so dumm wäre, seine ehrliche Meinung zu schreiben, stünde auf der Straße und müsste sich nach einem neuen Job umsehen.

Wenn ich meine ehrliche Meinung in einer Ausgabe meiner Zeitung veröffentlichen würde, wäre ich meine Stellung innerhalb von 24 Stunden los. Es ist das Geschäft der Journalisten, die Wahrheit zu zerstören, unumwunden zu lügen, zu pervertieren, zu verleumden, die Füße des Mammon zu lecken und das Land zu verkaufen für ihr tägliches Brot. Sie wissen es, und ich weiß, was es für eine Verrücktheit ist, auf eine unabhängige Presse anzustoßen. Wir sind die Werkzeuge und Vasallen der reichen Männer hinter der Szene. Wir sind die Hampelmänner, sie ziehen die Strippen und wir tanzen. Unsere Talente, unsere Fähigkeiten und unser ganzes Leben sind Eigentum anderer Menschen. Wir sind intellektuelle Prostituierte.«

Diese Brandrede hielt der einstige Redaktionsleiter der *New York Times* John Swinton – im Jahr 1880! –, und sie ist heute aktueller und gültiger denn je. Das weltberühmte Flaggschiff der »freien Presse«, die *New York Times*, erhob im Vorfeld der Irak-Invasion die oben zitierten Propagandafälschungen in den Rang von Fakten und verschaffte dem illegalen Krieg damit die notwendige Rechtfertigung. Sie lieferte so einmal mehr die Bestätigung, dass es sich bei der Unabhängigkeit der Presse um einen Mythos handelt. Im Ernstfall entscheiden nicht »Überparteilichkeit«, »Fairness«, »Objektivität« oder die anderen Insignien, mit denen sich die Medien gerne schmücken; auch dass dem Recht auf Pressefreiheit die Pflicht zur wahrheitsgemäßen und umfassenden Berichterstattung korrespondiert, spielt dann keine Rolle – im Ernstfall geben allein der Markt und die Macht den Ton an.

Nach den Anschlägen des 11. September 2001 brachte der Nachrichtenchef des großen US-Fernsehsenders CBS, Dan Rather, das exakt auf den Punkt: »George Bush ist der Präsident. Er trifft die Entscheidungen – und wie es sich für einen Amerikaner gehört: Wo immer er mich haben will, ich reihe mich ein, sag mir nur, wo.« Ziemlich genau so dürfte sich der Ahnherr neuzeitlicher Propaganda, Joseph Goebbels, seine »Schriftleiter« vorgestellt haben. Nicht nur in Amerika, sondern im gesamten »freien Westen« treiben sie ihr Unwesen bis heute.

29. Alles unter Kontrolle! Zwei Überwachungsstaaten auf deutschem Boden sind bereits gescheitert – am dritten wird noch gearbeitet

»Every breath you take (Alkoholtestgerät,
CO_2-Detektor)
Every move you make (Bewegungsmelder,
Satellitenortung)
Every bond you break (Alarmierungssysteme)
Every step you take (elektronische Fußfessel,
Bewegungsprofile)
Every single day (kontinuierliche, automatisierte
Datenaufzeichnungen)
Every night you stay (Nachtsichtgeräte)
Every vow you break (Stimmanalyse)
Every smile you fake (Lügendetektor)
Every claim you stake (Datenbankabgleich,
biometrische Identifizierung)
I'll be watching you (Videoüberwachung)«

Dass George Orwell mit seiner Warnung vor dem Überwachungsstaat gescheitert und *1984* auf subtile Weise Realität geworden ist, zeigt dieser Songtext. Auch wenn die Gruppe, die ihn zum Klassiker machte »Police« heißt und er ausgerechnet 1984 veröffentlicht wurde, war der (von dem amerikanischen Soziologen Gary T. Marx) hinzugefügte Subtext gewiss nicht intendiert. Umso frappierender sind die Übereinstimmungen zwischen dem Sänger Sting, der einer entschwundenen Liebe hinterhersingt, und einem Staat, der als Big Brother seine Bürgerinnen und Bürger immer stärker überwacht und kontrolliert.

Mittlerweile gehen bundesdeutsche Minister wie Wolfgang Schäuble, der oberste Schirmherr staatlichen Kontrollwahns, schon so weit, die Überwachung von Heimcomputern gesetzlich verankern zu wollen, weil nur so »Terroristen« von ihrem üblen Handwerk abgehalten werden könnten. Eine offene Hintertür für Polizei, Nachrichtendienste und andere Behörden auf jede private Festplatte zu verlangen, ist zwar nichts anderes als die Forderung, dass jeder seinen Haustürschlüssel bei der Polizei abzugeben hat, damit diese aus Sicherheitsgründen jederzeit mal nach dem Rechten sehen kann. Dennoch wird derlei faschistoider Polizeistaatsirrsinn ernsthaft vertreten – beim Barte Osama Bin Ladens, versteht sich –, und nur dieser hysterisierenden Angstmache kann es geschuldet sein, dass Politiker sich in Deutschland mit solchen Forderungen an die Öffentlichkeit trauen. Kaum zwei Jahrzehnte nachdem das Stasi-Paradies DDR direkt vor unserer Haustür implodierte und ein Paradeexempel für das Scheitern paranoider Staatssicherheit statuierte.

Aber die Kontrollfanatiker sind offensichtlich unbelehrbar: Im Jahr 2005 wurden in Deutschland 42 508 Überwachungsanordnungen für Telefone registriert, im Vergleich zum Vorjahr eine Steigerung von mehr als 45 Prozent (2004: 29 017). Seit 1991 hat sich damit die Zahl abgehörter Telefone um das Zwanzigfache gesteigert – ein gigantisches Wachstum, dem auf der anderen Seite ein zumindest deutlicher Rückgang der Kriminalität korrespondieren müsste. Aber das ist nicht der Fall, denn die Erfolge dieser Überwachungsmaßnahmen sind minimal. Kapitalverbrechen und Terrorismus – da sind sich die Kriminologen einig – lassen sich mit massenhaften Lauschangriffen nicht bekämpfen, Erfolge weist die Telekommunikationsüberwachung nur bei so genannten »Transaktionsverbrechen« mit illegalen Betäubungsmitteln auf. Hier freilich werden ausweislich der Statistiken in der Regel nur die kleinen Fische ertappt. Zu einem Rückgang der Importe und des

Handels mit diesen illegalisierten Substanzen haben diese Maßnahmen ebenfalls nicht geführt, weder beim Drogenweltmeister USA noch beim Abhörweltmeister Deutschland. Auch wenn das bundesdeutsche Justizministerium diesen Titel bestreitet und behauptet, man läge, was die Bespitzelung der Bürger angeht, nur »im Mittelfeld« – die oben angeführten Zuwachsraten und das Ansinnen, demnächst jede Festplatte auszuspionieren, deuten an, dass zwei gescheiterte Polizeistaaten auf deutschem Boden offenbar immer noch nicht genug waren. »Gestapo« und »Stasi« zum Trotz werkeln deutsche Beamte fleißig am dritten.

30. Nikola Tesla – wäre der »größte Erfinder aller Zeiten« nicht gescheitert, hätte uns Hiroshima erspart bleiben können

In der Nacht vom 12. auf den 13. März 1895 zerstörte ein Feuer das Gebäude der Tesla Electric Company in New York. Das Feuer, ausgelöst von einem unachtsamen Wachmann, zerstörte das dreistöckige Gebäude vollständig, samt aller darin vorhandenen Apparate und Aufzeichnungen. Ein Teil der zerstörten Geräte war gerade bei der Weltausstellung in Chicago vorgeführt worden und hatte ihrem Erbauer, dem Physiker Nikola Tesla, den Ruf des »größten Erfinders aller Zeiten« eingebracht. Kurz zuvor hatte eine Regierungskommission entschieden, dass das Kraftwerk der Niagarafälle nach dem neuen Tesla-Wechselstrom-Prinzip arbeiten sollte – und nicht nach der Methode des Marktführers Edison. Das serbokroatische Wunderkind Nikola Tesla war, 39-jährig, auf dem Gipfel seines Ruhms.

Dass sein Name heute, anders als etwa der von Edison, Bell oder Röntgen, nicht mit großen Erfindungen zusammengebracht wird und nahezu unbekannt ist, hat viel mit diesem Brand vor 100 Jahren zu tun. Dutzende patentierter oder patentfähiger Prototypen, von Generatoren und Trafos über Anlagen zur drahtlosen Energieübertragung bis hin zu Radiogeräten und Kameras, waren vernichtet. Teslas erste Million – für den Verkauf seines Wechselstrompatents an den Westinghouse-Konzern – hatte sich in Rauch aufgelöst. Dies stürzte den Erfinder in ein finanzielles Desaster, von dem er sich nie wieder richtig erholen sollte.

Die Katastrophe waren nicht die verbrannten Unterlagen und Aufzeichnungen (dank seines phänomenalen Gedächtnisses hatte Tesla alle Berechnungen und Baupläne im Kopf).

Es waren auch nicht die (unversicherten) Prototypen und Vorführgeräte, die notfalls nachgebaut werden konnten. Es war vielmehr die Tatsache, dass seine Pläne um Jahrzehnte zurückgeworfen wurden. Mit der Verbesserung der bestehenden Elektrotechnik wollte er schnell die Reichtümer erwerben, die ihm die Realisierung seines eigentlichen Plans – freie Energie für jedermann – gestatten sollten. Spätestens als er mit dieser Idee an die Öffentlichkeit getreten war und auf erfolgreiche Laborversuche verwies, hatten ihn alle seine Finanziers fallenlassen. An einer drahtlosen Stromversorgung durch die Gratiselektrizität der Atmosphäre hatte kein Konzern Interesse: Wo sollte man da einen Zähler anschließen und kassieren?

Bis heute führen Teslas revolutionäre Ideen und Patente ein Schattendasein, mit seinen kleinen Erfindungen verdienten andere Milliarden, ohne dass ein Pfennig Tantieme bei ihm ankam – Tesla starb 1943 einsam und verarmt in einem New Yorker Hotelzimmer –, doch waren seine Unterlagen immer noch brisant genug, um vom Geheimdienst beschlagnahmt zu werden. Aus der Not heraus, dass niemand »freie Energie« finanzieren wollte, hatte Tesla mit seinem drahtlosen Hochspannungskonzept eine interkontinentale »Todesstrahl«-Waffe entwickelt und nach Tests mit verheerender Destruktionswirkung dem US-Militär angeboten. Eine Art Öko-Atombombe – doch seine Vision, damit den Weltfrieden zu sichern und Kernwaffen überflüssig zu machen, füllte allenfalls die Seiten der Yellow Press. Hätte es in den Iden des Märzes 1895 nicht gebrannt – wahrscheinlich hätte Tesla der Welt Hiroshima und die destruktive friedliche Nutzung von Kernenergie ersparen können.

31. Auf den Gipfeln der Verzweiflung – E.M. Cioran und das Scheitern der Ideologien

Die Lehre vom Zerfall, *Gevierteilt*, *Die verfehlte Schöpfung*, *Auf den Gipfeln der Verzweiflung*, *Der Absturz in die Zeit*, *Das Buch der Täuschungen*, *Syllogismen der Bitterkeit*, *Vom Nachteil, geboren zu sein* – Emile Michel Cioran (1911–1995) schrieb noch ein halbes Dutzend weiterer Bücher mit ähnlich programmatischen Titeln, und wohl kein anderer Autor des 20. Jahrhunderts hat die Unausweichlichkeit des Scheiterns mit solcher Vehemenz vertreten wie dieser im rumänischen Siebenbürgen geborene und 1937 nach Paris übergesiedelte Schriftsteller und Philosoph. Wegen seiner meisterhaften Essays und Aphorismen, in denen er seine radikal pessimistische Weltsicht immer wieder pointiert hat, gilt er als einer der größten Stilisten der französischen Sprache. Cioran ist eine Art Seismograph des Scheiterns, der noch in den profansten Ereignissen untrügliche Zeichen der Sinnlosigkeit, des Verfalls, des Leidens aufspürt – und sie ebenso akribisch wie lakonisch mitteilt. »Ich verbringe meine Zeit damit, den Selbstmord schriftlich zu empfehlen und mündlich von ihm abzuraten«, notierte der im wirklichen Leben durchaus lebensfrohe und humorvolle Schwarzseher einmal. »Sich des Lebens zu entledigen heißt, sich um die Chance zu bringen, darüber zu spotten.«

Dass die Tröstungen der Philosophie und Religionen nichts als Schwindel sind, alle Ideen und Ideologien »im Grunde falsch und absurd« und der Sinn der Geschichte nichts als eine »Raserei der Horden und der Einsamen« – das ist für Cioran ausgemachte Sache, und er hämmert es seinen Lesern in immer neuen Pointen und Maximen ein. Jede Art von Hoffnung auf bessere Zeiten oder eine bessere

Welt ist für ihn nichts anderes als eben »die normale Form des Deliriums«.

Wer so schreibt, wer die Unausweichlichkeit des Scheiterns so schonungslos ausleuchten, den Nihilismus so nuanciert auf den Punkt bringen kann, bei dem muss es sich selbst um einen großartig Gescheiterten handeln. Und in der Tat kann E.M. Cioran als ein solcher gelten, denn mit einigen seiner Veröffentlichungen in den 1930er Jahren hat er sich so etwas wie die Höchststrafe eingehandelt, die sich ein Intellektueller des 20. Jahrhunderts zu Schulden kommen lassen kann: Er war ein fanatischer Bewunderer des deutschen Nationalsozialismus. »Es gibt keinen Politiker in der heutigen Welt, der mehr Sympathie und Bewunderung in mir hervorruft als Adolf Hitler«, schrieb der 23-jährige Cioran, der mit einem Stipendium an der Humboldt-Universität studierte, im Juli 1934 in der rechtsgerichteten rumänischen Zeitung *Vremea*, und fügte hinzu: »Der Führer-Mystizismus ist voll gerechtfertigt, es ist Hitlers Leistung, dass er den kritischen Geist einer ganzen Nation ausgemerzt hat.« Zwar war die Hitler-Begeisterung zu diesem Zeitpunkt auch im europäischen Ausland noch durchaus verbreitet, doch Cioran war kein nur kurzzeitig Verblendeter, wie etwa der Dichter Gottfried Benn, sondern ein überzeugter Faschist, der noch 1940, als er schon in Paris lebte, nach Bukarest reiste, um im Radio pathetische Lobreden auf Codreanu, den toten Führer der faschistischen »Eisernen Garde«, zu halten.

Die Details seiner tiefen Verstrickung in die Ideologie des Faschismus wusste Cioran Zeit seines Lebens erfolgreich zu verbergen – er befürchtete, wahrscheinlich nicht zu Unrecht, dass er in der Nachkriegszeit ähnlich behandelt werden würde wie Martin Heidegger oder der Religionswissenschaftler Mircea Eliade, sein langjähriger Freund und einstiger Gesinnungsgenosse bei der »Eisernen Garde«. So erreichte er, unbefleckt von seinem frühen Scheitern, große Anerkennung bis ins Alter. Dennoch hat sich nach dem Zweiten Weltkrieg kein Autor intensiver mit dem notwendigen und inhärenten Scheitern jedweder Ideologie, mit der Fatalität jeder Art von Fanatismus und Weltverbesserungswahn befasst als E.M. Cioran:

»Ich brauche nur zu hören, wie jemand mit Überzeugung von Idealen, Zukunft, Philosophie spricht, wie er voller Selbstbewusstsein ›wir‹ sagt und sich auf die ›anderen‹, für deren Wortführer er sich hält, beruft – um ihn als meinen Feind anzusehen. Ich erkenne in ihm den verfehlten Tyrannen, den verhinderten Henker.«

Kein Faschist ist nur, wer weiß, dass er einer sein könnte – in diesem Sinne ist aus dem gescheiterten Faschisten Emile Cioran einer der überzeugendsten Antifanatiker, Antiideologen und somit auch Antifaschisten geworden. Und ein probates Gegengift zu den nicht endenden Versuchen, im Namen einer Worthülse (»Gott«, »Vaterland«, »Partei«, »Freiheit«, »Demokratie« …) Krieg und Tyrannei heraufzubeschwören.

32. Darmentleerung und Nachrichtenaufnahme – das Scheitern des Toilettendesigns

Bei einem lauschigen Grillabend tauchte neulich wieder einmal eine jener scheinbar selbstverständlichen Fragen auf, die aber kaum gestellt werden und deshalb gar nicht so selbstverständlich zu beantworten sind. In diesem Fall ging es um die merkwürdige Konnektion von Darmentleerung und Nachrichtenaufnahme, vulgo: Warum liest der Mensch beim Scheißen?

Nach Erhebungen in der Grillrunde und nachfolgenden dezenten Recherchen existiert die Scheiß-Lese-Lust bei gut 80 Prozent der Bevölkerung. Zwar werden auch Romane, Sach- und Schulbücher, ja sogar Kochbücher mit aufs Klo genommen, doch Zeitungen und Zeitschriften sind die klaren Favoriten. Hier wiederum vor allem die »leicht verdaulichen« Berichte – Sport, Unterhaltung, Buntes aus aller Welt. Während Leit-, Politik- und Wirtschaftsartikel eher aufrecht am Frühstückstisch eingenommen werden, wird beim Abhocken auf dem Topf gern geschmunzelt. Klatsch, Comics, Kreuzworträtsel sowie – Werbefuzzis aufgemerkt! – Reklame haben auf bundesdeutschen Klos die besten Einschaltquoten.

Mit diesen medienstatistischen Daten ist die Frage freilich noch nicht beantwortet. Die vulgärfreudianische Deutung, dass sich das neurotische Ich über den peinlichkeitsbesetzten Akt analer Entleerung eben mit betont harmloser Lektüre hinwegtäuscht, greift zu kurz. Schließlich ließe sich das unangenehme Geschäft am schnellsten ja ganz ohne Lektüre erledigen, während die Mitnahme von Lesestoff gerade auf ein genussvolles Sicheinrichten verweist. Mit Verstopfung oder anderen Stuhlgangproblemen hat der Hang zur Klolektüre ebenfalls wenig zu tun, wobei einige der Befragten angaben, dass derlei vielmehr drohte, wenn nichts zu lesen zur Hand sei.

Ich selbst habe, in zeitungslosen Hotelzimmern, bisweilen sogar schon verzweifelt nach der Nachttischbibel gekramt – ohne Papiermagie kein vernünftiges Morgenei! Wobei sich das Alte Testament mit seinen Mord-, Betrugs- und Inzestgeschichten übrigens als ebenso enddarmentspannend erwiesen hat wie ein aktuelles Revolverblatt.

Diese meditative, entspannende Wirkung unangestrengten, beiläufigen Lesens ist wahrscheinlich einer der Hauptgründe für die Klolektüre – und Schuld daran ist einmal mehr St. Murphy. Denn nur er kann dafür gesorgt haben, dass Toiletten und Badezimmer von Architekten und Designern stets als Stiefkind behandelt wurden, was uns bis heute dazu zwingt, bei der Verrichtung unserer täglichen Geschäfte einfach nur dumpf auf sterile Kacheln zu glotzen. Wäre das anders, ginge der Hang zur Klolektüre vermutlich deutlich zurück. Kaum jemand käme etwa auf die Idee, auf das stille Örtchen eines Zen-Klosters – mit Panoramasicht auf Garten und Teich – eine Zeitung mitzunehmen; dafür soll schon mancher Mönch beim Scheißen vom Erleuchtungsblitz getroffen worden sein. Uns dagegen bleibt, bei der Unwohnlichkeit unserer Toiletten, nur die virtuelle Buchstabenwelt.

»Geschrieben stinkt Scheiße nicht«, bemerkte einst der Soziologe Roland Barthes. Der Dichter entfernt das Überflüssige, den Müll und Unrat, aus der Sprache und macht sie unverweslich. Daher vielleicht der auf öffentlichen Toiletten zu besichtigende Hang zur anonymen Lyrik – der Akt der Verwesung und des Überfließens scheint die Produktion von Unverweslichem, Ewigem zu provozieren – sowie die Bevorzugung »leichter« Klolektüre. Sie stinkt zwar nicht, aber enthält all den Dreck, Müll und Überfluss der Welt. Und während wir uns oben mental darin aalen, entleert es sich unten rektal aufs Allerfeinste.

33. Haben Sie Kopfschmerzen? Kein Wunder, bei diesen Tabletten!

Kopfschmerztabletten verursachen mehr Kopfschmerzen, als sie beseitigen. Übermäßiger Konsum von Aspirin oder Paracetamol verursacht in Europas Volkswirtschaften einen Milliardenschaden und beeinträchtigt die Gesundheit von Millionen von Menschen.

Mit dieser Anklage hat sich die European Headache Federation (EHF), eine Vereinigung von Ärzten und Kopfschmerzforschern, an die Europäische Union gewandt mit der Bitte um 20 000 Dollar. Diesen Betrag würde es kosten, eine Pilotstudie über den Zusammenhang von hohem Kopfschmerztablettenverbrauch und chronischem Kopfschmerz durchzuführen. Doch die Wissenschaftler fanden kein Pharmaunternehmen, das bereit war, die Studie zu fördern. Nach dem, was die Kopfschmerz- und Migräneexperten sagen, scheint die Knickrigkeit der Pillendreher verständlich: Die Kosten für Behandlung von Kopfschmerz und Arbeitsausfälle in der EU betragen nach Schätzungen der EHF jährlich fast 40 Milliarden Euro; ein Drittel davon wird durch chronische Kopfschmerzen verursacht, und diese wiederum können hauptsächlich auf täglichen Schmerztablettenkonsum zurückgeführt werden. »Es gibt eine Menge Menschen mit täglichen Kopfschmerzen, die täglich Schmerzmittel nehmen. Und wenn sie den Schmerzmittelkonsum stoppen, verschwindet auch ihr Kopfschmerz«, so Timothy Steiner von der EHF. Was die wissenschaftliche Untermauerung dieser These durch eine Studie für das Milliardengeschäft mit verschreibungsfreien Schmerzpillen bedeuten würde, liegt auf der Hand. Die Kopfschmerzen, die schon ein solches Ansinnen bei Pharmakonzernen auslösen muss, sind echt.

Es wäre nicht das erste Mal, dass ein Medikament die Krankheit, die es zu beseitigen vorgibt, auslöst und verschlimmert. Eines der berüchtigtsten Beispiele ist das vor mehr als 130 Jahren von den Bayer-Werken entwickelte Heroin, das als Heilmittel für die Morphiumsucht angepriesen wurde. Seinen heroischen Markennamen verdankte der Stoff einer neuen Marktnische: den massenhaft als Morphinisten aus den Lazaretten des Frankreichfeldzugs heimgekehrten Soldaten, die wieder zu Helden aufgepeppt werden sollten. Dank internationaler Werbung entwickelte sich Heroin (neben Aspirin) zum weltweiten Exportrenner der Bayer-Werke. Die schon bald auftauchenden Studien, dass hier der Teufel mit Beelzebub ausgetrieben wurde und Heroin ein noch höheres Suchtpotential als Morphium hat, wurden durch aufwändige Gegengutachten gekontert. Bis der frei verkaufte Stoff verschreibungspflichtig und schließlich international geächtet wurde, gingen Jahrzehnte ins Land.

Was die schon 1996 geplante Studie über die ungleich harmloseren Mittel wie Aspirin angeht, wird es wohl ebenfalls Jahrzehnte dauern, bis sie im Falle einer Bestätigung umgesetzt würde. Dass der von den »harmlosen« Schmerzkillern aufgrund ihres Massenverbrauchs verursachte Schaden sehr viel größer ist als der von »harten« Drogen verursachte, wird daran wenig ändern. Den alten Apothekenwitz – »Diese Kopfschmerztabletten möchte ich umtauschen, davon kriegt man ja gar keine Kopfschmerzen« – können wir bis dahin ad acta legen.

34. Nach Berlin-Kreuzberg immer Richtung Dresden – die irreführende »Richtlinie für die wegweisende Beschilderung«

»Wanderer, kommst du nach Liechtenstein, / geh nicht vorbei, tritt mitten rein«, forderten einst die Berliner Liedermacher Insterburg & Co., was bei der Größe des kleinen Fürstentums kein besonderes Problem darstellen dürfte. Anders verhält es sich bei einer Metropole wie Berlin, vor allem wenn sich der »Wanderer« mit seinem Auto nähert. Weil Berlin im Osten des Landes liegt, reisen Besucher meistens von Westen her, über die Avus, an – und wer es bis dahin einmal geschafft hat, kommt an Berlin kaum noch vorbei. Auch mitten rein, also ins Zentrum zu kommen, wird dem Autofahrer leicht gemacht, denn »Zentrum« ist ausgeschildert. Aber wehe dem, der in einen anderen Teil der Stadt will und sich dem Autobahndreieck Funkturm nähert, dem Ende der Avus und der Entscheidung, die Stadtautobahn entweder nach Norden oder nach Süden zu wählen. Plötzlich nämlich besteht Berlin nur noch aus zwei Bezirken: »Wilmersdorf« und »Zentrum«. Die Flughäfen sind auf den Schildern auch noch erwähnt – aber welcher Besucher, der gerade mit dem Auto anreist, interessiert sich jetzt für den Flughafen? Nein, er will wissen, wie er nach Schöneberg oder Neukölln kommt, vielleicht auch zum Prenzlauer Berg, nach Friedrichshain oder Tiergarten, möglicherweise gar nach Pankow oder Lichtenrade. Die blauen Bundesautobahn-Wegweiser aber haben außer »Wilmersdorf« und »Zentrum« nur noch zwei Generalrichtungen zu bieten: »Hamburg« oder »Dresden« – für unseren Autofahrer ungefähr so hilfreich wie die Auswahl zwischen Wladiwostok und Istanbul.

Nach der offiziellen »Richtlinie für die wegweisende Beschilderung auf Autobahnen« (RWB) mag die Streckenfolge

Wilmersdorf, Dresden, Istanbul ja durchaus ihre Logik haben – dem auf Berlin zurollenden Ortsunkundigen aber hilft diese Richtlinie nicht weiter, und wegweisend ist sie nur äußerst eingeschränkt. Nichts gegen einen Besuch in Wilmersdorf, das dank seiner Witwen und der *Linie 1* des Grips-Theaters als leicht verschnarchter Bezirk des alten Westberlins weltberühmt geworden ist – als Alleinvertreter für sämtliche südlich des Autobahndreiecks Funkturm gelegenen Berliner Stadtbezirke ist es aber eindeutig überbewertet. Und doch ist Abbiegen Richtung »Wilmersdorf« die einzige Möglichkeit, auf den nach Süden führenden Teil der Stadtautobahn zu gelangen. Wer einen Besucher per Telefon nach Kreuzberg lotsen will, muss die Anweisung geben: »Nach Wilmersdorf abbiegen und dann immer Richtung Dresden.« Kreuzberg als Innenstadtbezirk mit immerhin knapp einer Viertelmillion Einwohnern irgendwo auf den Autobahnwegweisern zu erwähnen, hält das Regelwerk der RWB offenbar für überflüssig, weshalb der Zusatz: »… und dann an der Ausfahrt Tempelhofer Damm abfahren« unabdingbar ist. Sonst landet der Besucher statt in Kreuzberg am Ende tatsächlich in Dresden – weil ihm in der Hauptstadt kein Mensch und kein Schild sagt, wo es eigentlich langgeht.

Was einmal mehr ein Beispiel dafür liefert, dass Murphys Gesetz überall gilt und mittlerweile auch Instanzen und Institutionen in seinen Bann gezogen hat, bei denen eigentlich gar nichts schiefgehen kann, weil sie quasi von Haus aus auf idiotensicher getrimmt sind. Wie zum Beispiel eben »die wegweisende Beschilderung auf Autobahnen« …

35. Sounds of Silence – wer seine Ruhe haben will, wird scheitern

Eine Untersuchung der Stadt Amsterdam über die Lärmbelästigung der Bevölkerung ergab, dass sich 29 Prozent der Befragten von lauten Nachbarn, 28 Prozent vom Straßenverkehrslärm, 26 Prozent von Flugzeugen genervt fühlen. In anderen dichtbesiedelten Industriestaaten dürfte die Belästigung durch »Lärmverschmutzung« ähnlich hoch liegen – und schon das seltsame Wort zeigt, dass wir uns, anders als bei anderen Umweltverschmutzungen, von der akustischen Kontamination noch gar keinen rechten Begriff machen.

So hat denn auch kaum jemand registriert, dass seit gut 20 Jahren ein neues Gespenst durch Europa und die westliche Welt schleicht. Überall macht es sich breit, und nicht einmal an explizit stillen Örtchen sind die Opfer vor ihm sicher. Wer seine Ruhe haben will, wird scheitern. Die Rede ist vom Gedudel, jener unausweichlichen musikalischen Berieselung, die mittlerweile zur Grundausstattung der Zivilisation gehört. Vom Einkaufszentrum bis zur Aufzugskabine, vom Luxusrestaurant bis zur Pommesbude, von der Wartehalle bis zum Zahnarztstuhl – es gibt keinen Ort mehr, an dem der Gehörgang mit Verschonung rechnen könnte. Sprinkleranlagen zur akustischen Kontamination zählen in Gewerberäumen zum Neubaustandard, und wo nicht industriell auf Kauflaune getrimmtes Spezialgedudel eingesetzt wird, da rieselt der Dudelfunk aus allen Radiokanälen.

Zwar herrscht in immer mehr öffentlichen Räumen mittlerweile Rauchverbot, um die Lungen Unbeteiligter zu schonen, die Ohren freilich werden dafür umso hemmungsloser traktiert. Während Nichtraucher allenthalben auf Schonung rechnen dürfen, stoßen Nichthörer auf ein Meer der Ignoranz. Ja, es gibt sie offiziell nicht einmal, die Nichthörer, weder als Begriff noch als Lobby oder gar als militante Initiative – ob im Café, im Flugzeug oder in der Kantine, mit Nichthörerplätzen oder dudelfreien Zonen darf nicht gerechnet werden. Dass es noch keine Bürgerinitiative für aktiven Nichthörerschutz oder »Earpeace«-Gruppen gegen den Akustikterror gibt, ist eigentlich ein Wunder – das Problem, dass in dieser Gesellschaft der Gedudelfaden einfach kein Ende hat, wird zunehmend brisant.

Gordon Hempton, ein Künstler, der sich auf Aufnahmen natürlicher Geräusche spezialisiert hat, geht dagegen seit Jahrzehnten an. Für ihn ist die Erde eine »solargetriebene Jukebox«, ein musikalischer Planet, dessen Töne allerdings zu bedrohten Arten geworden sind. Hempton will deshalb akustische Schutzreservate errichten, wo keinerlei menschenproduzierter Lärm erlaubt ist. Die ersten sollten schon in den 1990er Jahren im Rahmen von Hemptons »One Square Inch«-Projekt in zehn Nationalparks der USA entstehen: zehn 6,5 Quadratzentimeter große Zonen, an die kein unnatürlicher Laut vordringt. Doch da ein paar Quadratzentimeter Ruhe einen Umkreis von vielen Quadratkilometern Lärmfreiheit erfordern, wollten die US-Behörden von dem Vorschlag nichts hören. Im Zeitalter des Gedudels mutet der Plan des Anti-Lärm-Konservators zwar verdienstvoll, aber hoffnungslos naiv und idealistisch an. Scheitert er, werden die letzten »Sounds of Silence« bald völlig ausgestorben sein – und unseren Enkeln nur akustische Zoos bleiben, wo sie das unverfälschte Quaken eines Froschs, das Rauschen eines Wasserfalls oder einfach die Töne genießen können, die der Dichter einst beschrieb: »Über allen Wipfeln ist Ruh …«

36. Feuer! Wie die domestizierten Primaten an ihrem entscheidenden Evolutionsvorteil scheitern

Als vor 65 Millionen Jahren ein riesiger Asteroid auf der Erde einschlug und sie in einen riesigen CO_2-stickigen Backofen verwandelte, wurden durch diese globale Klimakatastrophe mit den Sauriern in der Folgezeit auch zwei Drittel aller Lebewesen vernichtet. Heute, so haben Naturforscher ausgerechnet, hat die Massenausrottung von Arten wieder dasselbe Tempo erreicht wie nach diesem kosmischen Unfall. Doch dieses Mal heißt die Katastrophe »Mensch«. Deshalb sind wir um unserer selbst und unserer Nachkommen willen zum schnellen Lernen gezwungen. Nach dem lange Jahrhunderte vorherrschenden Irrglauben, dass sich die Menschheit als naturbeherrschende Krone der Schöpfung selbstverständlich auf dem aufsteigenden Ast befindet, setzt sich zunehmend das Wissen durch, dass die Gattung dabei ist, den Ast, auf dem sie sitzt, abzusägen – sowie die Ahnung, dass diese Selbstzerstörung mit einem weitgehenden Missverständnis der Erde, des Lebens, des Selbsts zu tun hat.

Wenn wir die Geschichte der Erde und des Lebens im Zeitraffer aus dem Weltraum betrachten würden, fiele zuerst der Rhythmus von Tag und Nacht auf, den man mit einem Pulsschlag vergleichen könnte. Bei etwas stärkerer Zeitraffung könnten wir so etwas wie den Kreislauf erkennen: wirbelnde Luft- und Meeresströmungen, die für die Zufuhr von Nahrungsstoffen sorgen und Abfallstoffe abführen – ähnlich wie das Blut im menschlichen Kreislauf. Beim weiteren Beschleunigen unserer Zeitmaschine geriete die Hautoberfläche der Erde in den Blick: umherdriftende Kontinente, mäandernde Flüsse, riesige Wälder und Grassteppen, die sich ausdehnen und wieder zurückziehen. Wenn wir vier Milliarden Jahre im

Zeitraffer zu einem Kurzfilm zusammenfassen würden, sähen wir, wie sich das Gesicht der Erde ständig verändert, wie es auf seine Umgebung reagiert und seinerseits, mit strengem Mienenspiel, auf sie Einfluss nimmt. Manchmal antwortet es für einen Moment mit eisiger Strenge – und während der Eiszeiten wirkten große Teile des Planeten tatsächlich wie erstarrt –, doch nachher zeigt sich, dass auch dies nur ein Mittel war, ein Trick, um nicht aus dem Gleichgewicht zu kommen. Wie heute manche Lebensmittel bedurfte auch das Leben selbst auf dem langen Weg der Evolution offenbar bisweilen der Konservierung durch Tiefkühlung. Die letzte halbe Minute des Films zeigte die Erdgeschichte der vergangenen 200 000 Jahre und die Menschwerdung des Affen: Durch eine neue Technologie, die Handhabung des Feuers, ist Homo sapiens weniger klima- und standortabhängig als alle anderen Tiere und breitet sich bald überall aus. Dann wäre ein weiteres faszinierendes Ereignis zu beobachten: die Entstehung einer Speichertechnologie, mit der sich die Menschen nun auch zeitunabhängig machen – dank der Sprache können sie erworbenes Wissen konservieren und weitergeben. Dieser Informationsvorsprung scheint sie allen anderen Lebensformen nun endgültig überlegen zu machen. In der Schlusssequenz jedoch würden wir Zeuge einer dramatischen Situation: So plötzlich hat Gaia – die lebende Erde – ihr Gesicht noch nie verändert. Blitzartig verschwinden die Waldflächen in Afrika, Europa und Nordamerika. Und auf den allerletzten Bildern des Films, dem Beginn des Industriezeitalters, beginnt die Atmosphäre, sich durch Rauch und Abgase zu verdunkeln.

Ende der Vorstellung. Das Licht geht an. Wir sind wieder in der Wirklichkeit.

Anfang 2007 veröffentlichte der International Panel of Climate Change (IPCC), ein Zusammenschluss von 2 500 Wissenschaftlern im Auftrag der Vereinten Nationen, seinen Befund, wonach der Zuwachs von CO_2 in der Atmosphäre und die damit einhergehende globale Erwärmung seit 1950 zu 90 Prozent auf das Konto des Menschen gehen.

Die Gattung der Menschen, denen die Handhabung des Feuers einst den entscheidenden Evolutionsvorteil sicherte, scheint nun an der Perfektionierung eben dieser Technologie zu scheitern: Sie fährt wider besseres Wissen fort, den Planeten in einen giftigen Backofen zu verwandeln. Und diejenigen, die davon profitieren, werden nicht müde, die Ausrottung von Pflanzen und Tierarten als »vertretbar« und die Warnungen vor einer Klimakatastrophe als »Panikmache« zu bezeichnen. Rapide schmelzende Gletscher in den Alpen, das abtauende Grönlandeis, die Erwärmung der Meerestemperatur und das Nachlassen des Golfstroms – all das ist für diese Anti-Ökologen kein Anlass, radikale Schritte gegen das weitere Anheizen des Backofens zu unternehmen. Sie bezweifeln lieber weiter die wissenschaftlichen Daten und liefern damit den Beweis, dass Homo stultus, der domestizierte Primat, einfach erst bereit ist zum Lernen, wenn es richtig auf dem Pelz brennt – zu spät.

37. Kritik der praktischen Kriminalität – warum wir mehr intelligente Verbrechen durchaus brauchen könnten

Unsere Kriminellen sind auch nicht mehr das, was sie mal waren. Sinnbildhaft deutlich wurde der Niedergang des Verbrecherhandwerks Mitte der 1990er Jahre, als zwei Erpresser des Aldi-Konzerns schnarchend in ihrem Auto entdeckt wurden; sie schliefen gerade ihren Rausch aus. Da freut sich die Sonderkommission, und der Laie wundert sich. Wie kann man einerseits raffinierte Straftaten aushecken und andererseits so blöd sein?

Nämliches galt auch für die Entführer des Industriellensohns Jan Philipp Reemtsma, die zwar von der Presse zu superintellektuellen Profis hochgejubelt wurden, praktisch aber so doof wie Eierdiebe waren: Sie forderten ohne Stimmverzerrer Lösegeld ein, hatten kein stichfestes Alibi, versuchten die erpressten Millionen auf der Szene so zu waschen, als wäre das ein Fall für Kernseife und nicht für die Cayman Islands, mieteten unter ihren echten Namen Autos und gondelten mit Koffern voller Geld in Spanien herum … Selbst in drittklassigen Krimidrehbüchern geht so was nicht durch, geschweige denn in der Realität.

Wenn Straftäter gefasst und bestraft werden, hebt das abschreckende Beispiel zwar die öffentliche Moral; insofern ist die Dummheit der Kriminellen ja durchaus begrüßenswert. Aber der starke Anstieg von roher Gewaltkriminalität hat vielleicht auch gerade damit zu tun, dass bei »intelligenten« Verbrechen nur noch Trottel am Werk sind und sie sich deshalb nicht mehr zu lohnen scheinen. So greift denn auch der kleine Gauner gleich zur Brechstange, statt seine fünf Sinne zusammenzuraffen und einen etwas eleganteren Plan auszuhecken. Daher wäre es für das Klima der Kriminalität – die wir ja nicht einfach abschaffen können, weshalb wir sehr wohl über deren mögliche Strukturverbesserungen nachzudenken haben – durchaus vorteilhaft gewesen, wenn clevere Witzbolde wie etwa der Erpresser Dagobert mit ihrer Masche durchgekommen wären.

Was uns blüht, wenn sich im Kriminalwesen statt intelligenter Verbrecher eher die Totschläger durchsetzen, darauf gaben unter anderem die Aktivitäten der Aum-Sekte in Japan einen grausigen Vorgeschmack. Gegen den Horror, den biologische Kampfstoffe in der Hand von Kriminellen bedeuten, ist die Vorstellung, dass sich jeder Physikstudent anhand der Bibliotheksunterlagen eine Wasserstoffbombe bauen kann, nachgerade läppisch. Die Rezepte für Biobomben, wie sie im März 1995 bei einem U-Bahn-Anschlag in Tokio zum Einsatz kamen, sind noch einfacher und Hunderte von Labors weltweit mittlerweile in der Lage, solche Kampfstoffe herzustellen. Die Zutatenbeschaffung ist kein Problem, die Wirkung dieser Biowaffen aber umso verheerender. Ein paar Kilo davon mit einem kleinen Landwirtschaftsflugzeug über einer Stadt wie Berlin ausgebracht – und schon müssten 3,5 Millionen EinwohnerInnen ihr letztes Bündel schnüren. Polizei und Militär mit ihren Explosivgeschossen wären gegen diesen Angriff ebenso hilflos wie der zivile Katastrophenschutz. Was eine solche Waffe in der Hand eines dumpfen Totschlägers bedeutet, wollen wir uns nicht ausmalen. So bleibt nur zu hoffen, dass auch mal wieder ein Gangster mit Grips und Samthandschuhen publikumswirksam zum Zuge kommt.

38. Sonntags Milch klauen – wie die Ethik des Diebstahls auf den Hund gekommen ist

Klau mich hieß ein Buch von Rainer Langhans und Fritz Teufel, dessen Titel nach 1968 subversives Programm war: die obszön sich darbietende Warenwelt der »Selbstbedienung« beim Wort zu nehmen, den Klassenkampf durch Diebstahl zu führen, dem System mit List und Tücke soziale Gerechtigkeit abzutrotzen. In unseren WGs der 1970er Jahre war es üblich, beim Großeinkauf den Mengenrabatt gleich in Naturalien mitgehen zu lassen – natürlich nur im Supermarkt und nicht beim Krauter an der Ecke oder im linken Buchladen. Will sagen: Es gab so etwas wie eine Ethik des Diebstahls, eine Moral des Verbrechens. Man entriss dem Karstadt-Konzern einen Paprikastreuer für die Gemeinschaftsküche und fühlte sich wie Robin Hood. Aber die Zeiten ändern sich. Und so wie die revolutionäre Rockmusik von einst heute kaufrauschfördernd in den Konsumtempeln dudelt, so ist der revolutionäre »Einklauf« von damals zur staatstragenden Unmoral geworden.

Der Ladendieb von heute, so haben jüngste Umfragen gezeigt, hat Abitur, ist selbstständig und wählt FDP. 24 Prozent der FDP-Anhänger bekennen sich zum gelegentlichen Ladendiebstahl, während es bei den Grünen 16 Prozent, bei der SPD 10 und bei der CDU nur 8 Prozent sind. Letzteres mag daran liegen, dass Christen nur im Beichtstuhl und nicht beim Demoskopen beichten, die hohe FDP-Quote indessen wirft ein bezeichnendes Licht auf die Debatte um den Ladenschluss: Die frischgeföhnten Westerwelles wollen eben auch sonntags irgendwo Milch klauen.

Auch in puncto Standortdebatte enthüllt die Umfrage einiges: Angestellte und Arbeiter gehören mit 11 beziehungsweise 12 Prozent Ladendieben zu den Ehrlichen im Lande, von den Beamten dagegen klauen 16 Prozent, von den Selbstständigen sogar 18 Prozent. Die Leistungsträger jammern über zu hohe Lohnnebenkosten, greifen aber gleichzeitig alles ab, was nicht niet- und nagelfest ist. Wen wundert es da noch, dass der Standort Deutschland für ehrliche Unternehmer unattraktiv ist.

Früher war der Mörder immer der Gärtner, heute ist der Dieb meist der Chef. Und die kleptomanischen Alt- und Neoliberalen und ihre Ladendiebstähle sind im Wortsinne nur »peanuts«, wenn wir die Großdiebe in den Konzernspitzen und Aufsichtsräten ins Auge fassen. Das Phänomen, das die US-Soziologie als »corporate crime« oder »elite deviance« – die »Schlips- und Kragen«-Kriminalität der Reichen und Mächtigen – bezeichnet, ist bei uns aktuell mit Namen wie Esser, Ackermann oder Hartz identifiziert. Die Beobachtung des Soziologen David Simon, dass mit dem Anwachsen von persönlicher Macht und Reichtum ein Niedergang der ethischen Maßstäbe einhergeht und bei in die wirklichen Top-Positionen aufgestiegenen Individuen eine Art Unverwundbarkeitswahn Platz greift, die zu einer »Alles-ist-erlaubt-man-darf-sich-nur-nicht-erwischen-lassen«-Mentalität führt, scheint von diesen aktuellen Fällen bestätigt zu werden. Wobei die Erwischten in der Regel damit rechnen können, dass ihre Geschwader von Advokaten die Kuh schon vom Eis holen und sie vor Gericht mit einem Vergleich, einem preiswerten Strafbefehl oder einem Bewährungsurteil davon kommen – weshalb sie auch entsprechend wenig Unrechtsbewusstsein zeigen.

»Ohne Scheitern keine Ethik« – diesen Gedanken Simone de Beauvoirs scheinen solche Elitefiguren zu unterstreichen: Von Erfolg zu Erfolg bis an die Spitzen der Gesellschaft vorgestoßen haben sie jedes Maß verloren. Eine »Ethik des

Diebstahls« könnte man als Umverteilung von oben nach unten und mit einer Figur wie Robin Hood definieren. Die superreichen Großräuber unserer Tage bilden dazu den genauen Gegenpol.

39. Betteln ohne Stab – wie eine gescheiterte Sozialpolitik zu Elends-Performances nötigt

Almosen zu geben und die Armen zu unterstützen gehört in allen Kulturen und Gesellschaften zu den moralischen Standards, in Not Geratenen zu helfen ist eine menschliche Selbstverständlichkeit. Je mehr Menschen aber keinen anderen Ausweg mehr haben, als ihren Lebensunterhalt durch Almosen zu bestreiten, desto schwieriger wird es, der Pflicht zum Almosengeben nachzukommen. Wenn sich beim Auslösen des Eurostücks aus der Supermarktkarre gleich drei Bedürftige in Bewegung setzen, wenn die Aufgänge zur U-Bahn von armseligen Gestalten gesäumt sind, wenn im Café alle halbe Stunde ein anderer notleidender Musikant aufspielt und den Hut herumgehen lässt – wem soll der gute Mensch, bei dieser Auswahl von Bedürftigkeit, sein Scherflein gerechterweise in die Hand drücken? Alle und jeden zu bedienen geht beim besten Willen nicht: Wer in Berlin mit vollem Geldbeutel aus dem Haus geht und wirklich offenen, mitleidenden Herzens ist, wird sein Ziel erst sehr spät und in jedem Fall ohne einen müden Euro erreichen. Nur mit einem gerüttelt Maß »sozialer Kälte« lässt sich vermeiden, von den Wogen der neuen Armut selbst in die Armut gerissen zu werden.

Die zunehmende Menge von BettlerInnen bedeutet für die Gebenden nicht nur die Qual der Wahl und die Schwierigkeit, zwischen purer Not und grassierendem Schnorrertum zu unterscheiden, sie bedeutet vor allem einen wachsenden Konkurrenzdruck in der almosenheischenden Branche. Nur die Hand aufzuhalten reicht einfach nicht mehr, wenn die »Konkurrenz«, wie unlängst ein ganzkörper-tätowierter Obdachloser in der Linie 1, den Fahrgästen sein offenes Bein vorzeigt und »für die Operation« Geld eintreibt. Was hat der »klassische«

halbblinde Almosenbedürftige am Bahnhof noch an Spenden zu erwarten, wenn die Fahrgäste zuvor von Station zu Station mit immer neuen Leidens- und Elends-Performances konfrontiert wurden? Wie groß die Not ist, zeigen die »Erfindungen«: von der Obdachlosenzeitung über die in einer halben Minute präsentierte Aids- und Krankheitsgeschichte bis zur Futterspende für den abgemagerten Hund. Wie tief unten muss jemand sein, der sich aufrafft, einen vollbesetzten U-Bahnwagen lautstark mit seiner Leidensgeschichte zu traktieren? Wer kann zwei sechsjährigen Sintikindern widerstehen, die mit der Quetschkommode nur einmal kurz Lärm machen und dann einen Euro – einen ganzen Euro! – verlangen? Haben sich nicht wenigstens Kinder noch mit ein paar Cent zufriedenzugeben, oder ist gerade diese »Minimal Art« mindestens 5 Euro wert, weil sie die Sache schmerzlos auf den Punkt bringt?

Wenn all die Säcke, die in Regierungsbüros und Medienbordellen vom »Missbrauch sozialer Leistungen« schwadronieren, zwangsweise eine Woche lang mit U- und S-Bahn durch die Hauptstadt fahren müssten, wären sie vermutlich ein für allemal kuriert – und würden künftig eher Subventionsschwindler und Steuerbetrüger ganz oben ausquetschen, statt den Armen ganz unten in die Tasche zu greifen. »Das Volk hungert, weil seine Oberen zuviel Abgaben verzehren«, heißt es im *Tao Te King*, 400 v. Chr., sowie, dem heutigen Finanzminister ins Stammbuch geschrieben: »Je mehr er den Menschen gibt, desto viel mehr hat er.«

40. Raptosaurus auf dem Klo – warum das Scheitern von Beziehungen evolutionär angelegt ist

»Frauen sind die einzige Beute, die ihrem Jäger auflauert«, stellte der Anthropologieprofessor Jörg Knörr fest, der zwar an keiner Universität lehrt und auch gar kein Anthropologe ist, sondern Kabarettist, aber mit dieser scharfen Beobachtung dennoch einen nicht zu unterschätzenden Beitrag zur allgemeinen Menschenkunde geliefert hat. Das Knörr'sche Paradox erhellt schlagartig, warum auch Ehen und eheähnliche Verbindungen unausweichlich scheitern müssen und dass dieses Scheitern schon auf der archaisch-biologischen Ebene, quasi in der Saurierabteilung des humanoiden Paarungsverhaltens, angelegt ist. Denn wie sich so ein Raptosaurus vorkommt, dem das Jagen einprogrammiert ist wie dem Fisch das Schwimmen, wenn er irgendwann checkt, dass seine Beute ihm aufgelauert hat, können wir uns leicht vorstellen. Er kommt sich natürlich verarscht vor ... Und was dann folgt, von Patriarchat bis Klitorisbeschneidung und Frauenunterdrückung, ist insofern alles gar kein Wunder.

Da helfen auch die höheren Gehirnschichten wenig, die sich im Verlauf der Evolution über diesem Dinosaurierhirn ausgebildet und dazu geführt haben, dass die Gattung Mensch nach dem Feuermachen in Windeseile auch das Internet und das Onlinebusiness entdeckte – um dies dann vor allem dazu zu nutzen, Viagra zum pharmazeutischen Jahrhundertgeschäft zu machen. So setzen sich Raptosaurus – und seine Beute spielende Gefährtin – offensichtlich immer wieder durch, allen Errungenschaften des Geistes und der Zivilisation zum Trotz. Und dies nun schon seit gut 300 Millionen Jahren, als Mutter Erde einst die Geschlechtertrennung erfand. Seit diesem genetischen Split steht das Männchen biologisch betrachtet auf verlorenem Posten: Die Frau verfügt über einen doppelten Satz Gene und kann im Falle von Schäden auf diese Reserveabteilung zurückgreifen. Diese verbesserte genetische Ausstattung der weiblichen Vertreter der Gattung machte es dann aber nötig, die Männer mit ein paar Extras wie größerer Kraft, Geschwindigkeit und Ausdauer aufzurüsten – Eigenschaften, die sie als Jäger prädestinierten.

Was das Paarungsverhalten betrifft, haben sich die Attribute sexueller Attraktion seitdem kaum geändert. Große Augen (im Verhältnis zum Kopf) als Zeichen von Jugendlichkeit werden bis heute durch Make-up simuliert; die große Brust, die guten Ernährungszustand und Stillfähigkeit signalisiert, wird kosmetisch ebenso betont wie die anderen Indikatoren für Fruchtbarkeit: rote Lippen, deren hormonell bedingte Durchblutung den Eisprung anzeigt, sowie glatte Haut und lange Haare, die für Gesundheit stehen. Mit diesen simplen Attraktoren sind männliche Vertreter der Gattung nach wie vor und mit großer Sicherheit sexuell erregbar, während für die Frauen die Lage von Anfang an problematischer war. Einerseits brauchen sie für die lange Phase der Kinderaufzucht einen zuverlässigen Versorger, andererseits ist so eine ökonomisch zuverlässige Arbeitsdrohne nicht automatisch auch der attraktivste und genetisch beste Vererber. In diesem Zwiespalt scheint auch das Beutespielen begründet zu sein, auf dass sich auch noch der langweiligste Versorgertyp wenigstens einmal im Leben als Großwildjäger fühlen kann – doch sind Lug und Trug, den daraus resultierenden Enttäuschungen und natürlich der Eifersucht damit Tür und Tor geöffnet. Das Weibchen muss sicherstellen, dass ihr Partner sie weiterhin versorgt und sich nicht mit anderen Weibchen paart, so wie das Männchen sicher gehen will, dass ihm nicht möglicherweise die Brut eines Konkurrenten zur Aufzucht untergeschoben wird. So gaukeln sie sich von Anfang an gegenseitig Treue vor – ohne freilich die Lust auf Seitensprünge zu verlieren.

So geht das nun seit 300 Millionen Jahren, und die Evolution des Homo sapiens hat an diesem Verhalten so wenig geändert wie das Zeitalter der Vernunft, der Aufklärung und der Emanzipation. Auch zwischen der »befreiten« Frau und dem »neuen« Mann geht es nach wie vor und in schnöder Regelmäßigkeit schief, und so mussten noch die Softies im ausgehenden 20. Jahrhundert resigniert feststellen: »Sie haben uns zu Sitzpinklern erzogen und sind dann mit den Stehpissern ins Bett gegangen.«

41. Imi, Ata und die Nase – über einen Fall gescheiterter Diskretion im Hurengewerbe

Huren sind auch nicht mehr das, was sie mal waren. So zumindest sah es der im Sommer 2003 bei einer Sexparty mit Kokain ertappte Maler Jörg Immendorf, der den »Verfall der Sitten in allen Berufsgattungen« beklagte, nachdem ihn eine seiner Gespielinnen bei der Polizei verpfiffen hatte. In der Tat ein grober Verstoß gegen das wichtigste Gebot der horizontalen Dienstleistungsbranche: die Diskretion. Angesichts des ganzen Dutzends von Frauen, die der »Malerfürst« orderte, aber auch kein wirkliches Wunder – dass unter Zwölfen gerne mal ein Judas ist, wissen wir seit 2000 Jahren. Die Großration kolumbianischen Marschierpulvers, die durch den Verrat ruchbar wurde, hatte für den Kunstprofessor strafrechtliche Konsequenzen und drohte gar, seine Anstellung an der Düsseldorfer Hochschule zu ruinieren. Dem Marktwert seiner Bilder freilich wird die opulente Haremsszene eher nützen als schaden. Anders als der TV-Moderator Michel Friedman, der nach seiner Kokainaffäre karrieretechnisch erst einmal vom öffentlichen Raum in den Aufsichtsrat einer Klohäuschenfirma entsorgt werden musste, wird der Künstler Immendorf also von seinem unfreiwilligen Outing als Orgienkönig eher profitieren. Kollege Markus Lüppertz zollte zumindest als Alpha-Männchen schon mal höchsten Respekt: »Hut ab – ich würde mir das nicht zutrauen, trotz Viagra.«

Bleibt der Ärger wegen des Kokains, auch wenn dem an einer schweren Nerven- und Muskelkrankheit leidenden Maler das Gefängnis erspart blieb. Doch einmal mehr ist die Geschichte bestens geeignet, den Mythos der Droge weiter aufzubauschen und zu verklären. Wäre Kokain dort erhältlich, wo es herkam und wieder hingehört – in die Apotheke –, würde der Stoff, der kaum anders wirkt als zwei doppelte Espressi, keine Schlagzeilen machen. Dass Maler Imi ein bisschen Ata für die Nase benutzt, um beim Sex nicht einzuschlafen – so what? Es wäre völlig uninteressant und undenkbar, dass jemand wegen der Benutzung dieses Medikaments vor Gericht käme und seinen Job verlöre, sei er nun Pförtner, TV-Talkmaster oder Kunstprofessor. Denn ist es unmoralisch, Medizin zu nehmen? Oder zeugt es nicht vielmehr von Unmoral, bestimmte Medikamente als illegal zu definieren und einen Krieg gegen sie und ihre Benutzer zu führen? Ist es moralisch, Millionen von Kindern mit Psychodrogen wie »Ritalin« abzufüttern, um ihnen als erwachsenen Neurotikern später »Prozac« verkaufen zu können – aber Schüler wegen Kiffens von der Schule zu werfen? Und: Welche Moral haben Medien, die einerseits den Mythos der hippen VIP-Droge Kokain dauernd kolportieren und andererseits sofort die Entrüstungskeule schwingen, wenn jemand damit erwischt wird?

Da die herrschende Doppelmoral in Sachen Drogen als unverrückbarer Maßstab gilt, war der Fernsehstar Friedman, der immer den hochmoralischen Ton anschlug, als TV-Talker erstmal unten durch. Mittlerweile darf er wieder – und das ist in Ordnung so. Denn brauchen wir als öffentliche Vorbilder tatsächlich perfekte Superhelden, pure Lichtgestalten, ohne jeden Schatten? Oder nicht doch eher lebensechte Typen mit Ecken, Kanten und Abgründen – Gescheiterte eben? Koks und Callgirls passten zur öligen Rolle Friedmans als »Paolo Pinkel« doch wie der Faust aufs Gretchen. Und dass ein malender Macho und Kreativpascha wie Immendorf zwecks Inspiration auf etwas Stimulanz und Doping und eben nicht nur auf eine Muse, sondern auf ein ganzes dreckiges Dutzend davon angewiesen ist – wer will es ihm verdenken? »Potente Gehirne stärken sich nicht mit Milch, sondern mit Alkaloiden«, verordnete schon vor Jahrzehnten der Schöneberger Arzt Gottfried Benn. Ginge es also mit rechten Dingen zu, müssten Künstler derlei berufsbedingte Ausgaben eigentlich von der Steuer absetzen können. Zwar dürfte der Nachweis über die Zweckgebundenheit der Ausgaben im Hinblick auf Sex und Stimulanzien bisweilen schwierig werden – für Finanzbeamte erschließen sich dafür aber verlockende Recherche- und Überprüfungsmöglichkeiten.

Bei Immendorf ergäben sich allerdings keinerlei Probleme, was die Zweckgebundenheit seiner Ausgaben betrifft: Zwei Monate vor seinem »Fall« hatte der Künstler mit seinem bekanntesten Fan, dem damaligen Kanzler Gerhard Schröder, dem Museum St. Petersburg eine neue Skulptur übergeben. Titel des Objekts: *Die Nase*.

42. Schiffbruch Arche Noah II – über eine gescheiterte Biosimulation

Das Anfang der 1990er Jahre gestartete Projekt »Biosphäre 2« war ehrgeizig: das Ökosystem der ganzen Erde in einem gigantischen Glashaus so perfekt zu simulieren, dass acht »Bionauten« darin zwei Jahre überleben können. Finanziert vom Spross einer texanischen Öldynastie, war das gläserne Bonsai-Raumschiff Erde in der Wüste von Arizona von Anfang an umstritten: Von »Pseudowissenschaft« über »Öko-Disneyland« bis zu »Biobunker eines verrückten Milliardärs« reichte die Kritik. Als ich die Projektmanager dazu interviewte, verwiesen sie auf Dutzende Mitarbeiter und Berater von Topuniversitäten, auf den großen Erkenntnisschub für das Verstehen der Erde und das Besiedeln anderer Planeten.

Dass sich der Start dann fast zwei Jahre verzögerte, dass einige der honorigen Wissenschaftler unter dem Vorwurf des Missmanagements absprangen, ebenso wie sieben der acht handverlesenen Bionauten, die kurzfristig durch neue ersetzt werden mussten – all dies war der Reputation des Projekts nicht gerade förderlich. Und endgültig ins Aus geriet die neue Arche Noah, als ein Journalist aufdeckte, dass man »Bio-2« schon nach wenigen Wochen heimlich mit zusätzlichem Sauerstoff versorgt hatte, weil durch den gestiegenen CO_2-Gehalt das Überleben der Insassen gefährdet war. Die Pflanzen produzierten weit weniger Sauerstoff als vorausberechnet, weil die Glasscheiben weniger Licht als erwartet durchließen, und alsbald begann das gesamte Ökosystem aus 3 000 Pflanzen- und Tierarten verrückt zu spielen. Zu der schlechten Luft kamen schlechte Ernten, und unter den Bionauten wiederholte sich ein 5 000 Jahre altes Drama: Die Hungrigsten wollten die der Wildnis vorbehaltenen Teile des Biotops in Farmland verwandeln. Dieser Raubbau hätte den endgültigen Zusammenbruch der Ökokreisläufe bedeutet und wurde verhindert – abgemagert, aber gesund führten die acht Forscher das zweijährige Experiment zumindest zu Ende.

Hat das pannenreiche Projekt nützliche Daten erbracht? Das Resümee des Biologen Peter Warshall, der lange an dem Projekt beteiligt war, bestätigt zumindest die Allgegenwart und Unausweichlichkeit von Murphy's Law: »Arche Noah ist eine Metapher, kein Programm«, so Warshall. Wir sind beschränkt – eine Spezies, die nicht mehr als fünf oder sechs Variablen gleichzeitig im Bewusstsein haben kann. 3 000 pflanzliche und tierische Arten in ein titanisches Terrarium zu stecken und darauf zu bauen, nun sei ein ökologisches Gleichgewicht hergestellt – das liegt jenseits unserer Managementfähigkeiten. Die Lektionen aus dem Scheitern der Biosimulation liegen auf der Hand: »Ökodesign ist schwierig. Es wimmelt vor Überraschungen. Sei bescheiden, wenn du versuchst, Gaias Absichten zu durchschauen.«

Immerhin zwei einmalige Erkenntnisse hat das Projekt »Biosphäre 2«, das seitdem als Forschungslabor der Smithsonian Institution genutzt wird, gebracht: Zum einen können Menschen in CO_2-reicher Luft sehr viel länger überleben als bisher angenommen. Zum anderen entstand in dem aus der Karibik transplantierten künstlichen Korallenriff des Glashauses eine neue Spezies, »Euphyperamoeba biospherica«, eine bisher unbekannte Amöbenart.

Im Detail hat die Evolution auf diesem Miniplaneten also durchaus funktioniert, für das Ganze aber scheint nach wie vor das Paradox zu gelten: Wenn die Evolution des Lebens so simpel wäre, dass wir sie verstehen könnten, wären wir Lebewesen so simpel, dass wir es nicht könnten …

43. Nutzpflanzen ohne Nutzen – das Scheitern der konventionellen Landwirtschaft

Dass die moderne industrielle Landwirtschaft mehr und preiswertere Lebensmittel produziert als je zuvor in der Geschichte der Agrikultur – dieser Lobgesang auf die Errungenschaften des Ackerbaus ist heute allgemeiner Tenor. Das Dumme ist nur, dass er nicht ganz den Tatsachen entspricht. So fand eine im Jahr 2000 veröffentlichte umfangreiche Studie der Universität Essex, in der alle externen Kosten der Agrikultur berechnet wurden, heraus, dass die Landwirtschaft in England Schäden von etwa 3,5 Milliarden Euro im Jahr verursacht. In der als »sehr konservativ« bezeichneten Berechnung hatten die britischen Wissenschaftler alle Kosten erfasst und summiert, die durch Luftverschmutzung, Wasserverunreinigung, Bodenerosion und andere Nebenwirkungen der Agrarindustrie verursacht werden. Dabei kamen sie auf »Nebenkosten« von etwa 300 Euro pro Hektar und Jahr – mehr als doppelt so viel, wie zuvor einige weniger detaillierte Studien in Deutschland und den USA ermittelt hatten.

Mit dieser Analyse wird die ökonomische Bilanz der Agrarindustrie – und damit die der »billigen« Lebensmittel oder Textilien im Supermarkt – noch hinfälliger als bisher. »Ökonomisch« ist diese Industrie nur, »billig« sind diese Produkte nur, weil die Beseitigung der von ihnen verursachten Schäden auf die Allgemeinheit abgewälzt wird: Für die Entfernung von Pestiziden aus dem Wasser zahlen die Wasserwerke, für die Zerstörung von Böden und Landschaften die Naturschutzbehörden, für die Gesundheitsfolgen durch verschmutzte Luft und chemisch belastete Produkte die Krankenkassen. Dass die moderne Agrarindustrie mehr Weizen, Mais, Reis, Gemüse und Obst zu niedrigeren Preisen herstellt als je zuvor in der

Geschichte, ist unbestritten. Aber solange die externen Kosten und die Nebenwirkungen der Intensivlandwirtschaft für ihre Produkte einfach außen vor gelassen werden, hat der Segen dieser »billigen« Lebensmittel einen entscheidenden Haken: Er beruht auf einer Milchmädchenrechnung.

Der britischen Studie zufolge betragen die externen Kosten der Agrarwirtschaft fast die Hälfte ihrer Gesamteinnahmen, das heißt der wahre Preis für Korn, Kartoffeln, Tomaten oder Baumwolle müsste fast doppelt so hoch liegen wie der jetzige, der diese Kosten außer Acht lässt. Das heißt allerdings nicht, dass wir als Verbraucher künftig das Doppelte dafür bezahlen müssen – wir bezahlen es jetzt schon, allerdings nicht an der Ladenkasse, sondern in Form von Steuern und Abgaben.

Deshalb sind Biolebensmittel und ökologische Produkte, die diese verdeckten Kosten nicht oder in deutlich geringerem Ausmaß produzieren, eben auch nur scheinbar teurer als konventionelle Produkte. Würden bei diesen die Folgekosten tatsächlich eingerechnet, wären Bioprodukte nicht nur in der Qualität, sondern auch im Preis absolut konkurrenzfähig. So aber können sie sich nur sehr langsam Marktanteile bei gesundheits- und umweltbewussten Konsumenten erobern. Und die sind auf diesem ungerechten Markt auch noch ständig benachteiligt: Sie zahlen nicht nur höhere Preise für das »nebenwirkungsfreie« Bioprodukt, sondern indirekt mit ihren Steuern und Abgaben auch noch die externen Kosten der konventionellen, umweltzerstörerischen Landwirtschaft, deren Produkte sie gar nicht nutzen.

Das heißt: Ginge es steuergerecht und ökonomisch zu – und hätten die ziemlich gescheiterten Grünen noch irgendetwas Grünes zu melden –, müsste die Forderung nach Steuerentlastung von Bioprodukten ganz oben auf der Tagesordnung stehen. Stattdessen werden die Pestizidjunkies und Grundwasservergifter der Agrarindustrie mit Subventionen weiter gefüttert und in die falsche Richtung gefördert.

Die Forderung des britischen Wissenschaftsmagazins *New Scientist* bringt es auf den Punkt: »Was wir brauchen, ist ein Label *Gut für den Planeten – alle Extrakosten inklusive.*

44. Murphy und der Müllmagnetismus – im Abfall manifestiert sich das Scheitern auf seine sichtbarste Weise

Vor unserer Haustür in Kreuzberg wächst seit zwei Wochen eine Struktur, die als so etwas wie ein Signum des Zeitalters, ja der Spezies insgesamt gelten könnte. Es handelt sich um eine wilde Müllkippe.

Im Müll, im Abfall, im Schrott manifestiert sich das Scheitern auf seine sichtbarste Weise – der Unrat ist der Schatten der strahlenden Konsumgesellschaft und wird deshalb, wenn es irgend geht, aufs Schnellste der Sichtbarkeit entzogen. Nur in entlegenen, leicht verwilderten Multikulti-Biotopen wie in Berlin-Kreuzberg lassen sich der Müll und sein magischer Magnetismus noch beobachten.

Alles fing damit an, dass jemand einen zu Schrott gefahrenen Aldi-Einkaufswagen abstellte. Dann wuchteten die bosnischen Flüchtlinge aus ihrer Parterrewohnung im Hinterhof abends zwei riesige Sessel auf die Straße und platzierten sie ebenfalls neben den Straßenbaum. Zwar verschwanden die gelblichen, abgewetzten Ungetüme nach ein paar Tagen im Heim eines glücklichen Neubesitzers, dafür hatten sich aber in der Zwischenzeit eine alte Wäscheschleuder, Bretter und Renovierungsabfall sowie diverser anderer Kleinschrott angesammelt. Wenn der Besendienst der Berliner Stadtreinigung alle zwei Tage die Straße fegt, nehmen die Kehrer jedoch nur mit, was auf die Schaufel passt. So wird zwar das Herbstlaub blattweise zusammengekehrt, der Sperrmüll- und Schrotthaufen aber bleibt und wird täglich größer. In gewisser Weise ist die Stadtreinigung zu verstehen: Würden sie den Unrat gleich entfernen, würde kein Mensch mehr den Sperrmüll anrufen, der dann nach vier bis sechs Wochen vorbeikommt. Und so steht der Schrott eben vier bis sechs Wochen auf der Straße.

Mitte der 1970er Jahre gab es in Berlin noch die öffentliche Sperrmüllabfuhr, die die Bürgersteige einmal im Jahr in ein regelrechtes Schlachtfeld verwandelte. Während die besseren Wohngegenden von Trödlern und Flohmarktprofis generalstabsmäßig nach Edelmüll durchkämmt wurden, brach im Kiez so etwas wie der freie Potlatsch der Bevölkerung aus. Bis in die Nacht wurden die Müllgebirge nach Brauchbarem durchwühlt und ganze Wohnungseinrichtungen ausgewechselt. Es wurde ausgespuckt, was Dachböden, Keller und private Giftmülllager hergaben – und wenn die große Müllorgie vorbei war, mussten sämtliche Bürgersteige desinfiziert werden.

Trotz dieser unhaltbaren Zustände bedaure ich die Abschaffung der freien Sperrmüllabfuhr und kann dem »Schandfleck« vor unserer Haustür sogar noch etwas abgewinnen. Die Deponie lebt: Heute Nacht zum Beispiel ist ein großer Fetzen Auslegeware hinzugekommen. Müll hat eine magnetische Wirkung, die mit seinem Anwachsen exponential steigt. Während eine einzeln herumliegende Dose kaum anziehende Wirkung hat, verfügt ein ganzer Haufen über nahezu absolute Gravitation. Am Lausitzer Platz hat dieser Müllmagnetismus schon zu einer »Allee der Kühlschränke und Waschmaschinen« geführt. Und würde die Halde vor unserer Tür noch ein bisschen wachsen, könnte selbst ein ökologisch korrekter Getrenntsammler kaum widerstehen, schnell noch die alte Matratze dazuzupacken, die schon ewig der Entsorgung harrt.

Für einen Stadtforscher der Chicagoer Schule wären die »naturwüchsigen« Kreuzberger Straßendeponien, eingesammelt und im Nobelviertel Grunewald wieder ausgestellt, ein lohnendes Objekt der Forschung. Die Trash-Soziologie offenbart tiefe Blicke in die Seelen der Konsumgesellschaft. Je mehr Waren der Bauch in Müll verwandelt, desto weniger ist das Hirn bereit, dem Terror dieser Metamorphose ins Auge zu sehen.

45. Das Pseudo-Tao der Entsorgung – vom Scheitern eines braven Getrenntsammlers

Der Kollege M. kann morgens sein Büro nicht mehr lüften. Früher, sagt er, war es nur dienstags und freitags, dass die Müllabfuhr gut zehn Minuten vor seinem Parterrefenster knatterte und Dieselmief abließ. Mittlerweile kommt sie auch noch montags, um das Altpapier zu holen, und mittwochs werden die Glascontainer entsorgt – nur einmal in der Woche kann M. bei frischer Luft ans Werk gehen, ansonsten stinkt es erst mal nach Diesel. Und auch der Donnerstag ist in Gefahr. Mit der Einführung der Gelben Tonne für den Kunststoff wird, so fürchtet M., in seinem Bezirk die Entleerung garantiert auf seinen einzigen abgasfreien Arbeitstag fallen.

Der Müllverkehr vor M.'s Büro verdeutlicht, dass die einzig wirksame Methode der Abfallbekämpfung, die Müllvermeidung, immer schwieriger zu realisieren sein wird: An jeder neuen bunten Tonne in unseren Hinterhöfen hängen Tausende von Arbeitsplätzen, »Entsorgung« ist die Boom-Branche schlechthin. Dass die Industrie diesen jüngsten Spross des Wirtschaftswunders gleich wieder ruiniert, indem sie einfach weniger Müll produziert, ist indessen nicht zu befürchten – es gibt einen Garant, dass es im Müllgeschäft weiter aufwärts geht: den Grünen Punkt.

Der Grüne Punkt garantiert, dass diese Packung wiederverwertbar ist und recycelt wird, sobald Ihr Haushalt an das Sammelsystem des Dualen Systems angeschlossen ist. Soll ich die Packung etwa so lange aufheben bis der Anschluss an dieses System vollzogen ist? Manche Hersteller scheinen mit dieser Frage gerechnet zu haben und fügen dankenswerterweise hinzu: »Ansonsten geben Sie die Packung wie gewohnt zum normalen Hausmüll.« Der Grüne Punkt signalisiert also gutes

Gewissen auch dann, wenn alles wie gewohnt in die stinknormale Tonne wandert; dem wackeren Getrenntsammler aber verspricht er das entsorgungsmäßige Nirwana.

Das einzige Problem offenbart ein Blick in jeden beliebigen Mülleimer: Es wimmelt von Grünen Punkten, ja, es scheint überhaupt kein Produkt mehr zu geben, das ohne ihn daherkommt, er ist so allgegenwärtig, dass er gar nicht mehr auffällt. Welchen Sinn aber macht ein Zeichen, das sich, kaum eingeführt, durch inflationären Gebrauch derart selbst entwertet? Könnte es vielleicht sein, dass der Grüne Punkt gar nicht zur Müllmarkierung erfunden wurde, sondern zum Zwecke des Seelenheils? Seine Allgegenwart jedenfalls lässt darauf schließen, dass es sich nicht um ein logistisches Signal handelt, sondern vielmehr um ein magisches Symbol. Tatsächlich scheint es geradezu an Zauberei zu grenzen, mit welcher Akribie dieses geheime Müll-Mandala auf nahezu sämtlichen Alltagsgegenständen verbreitet wurde – kein Symbol hat heutzutage eine höhere Verbreitung und Auflage, noch das winzigste Klebe-Etikett ziert ein Öko-Ablass zur Vergebung der Abfallsünden. Seine dynamische Form, zumal im kostengünstigen Schwarzweißdruck, sieht fast schon so aus wie das Yin/Yang-Symbol der universalen Harmonie. Welches Zeichen könnte ein schlechtes Müllgewissen besser entsorgen als das des ewigen Tao?

Als ich unlängst an der Containerfront im Hof versuchte, das gestampfte Chaos aus meinem Papierkorb doch noch irgendeiner Müllordnung zuzuführen, kam mir der Verdacht, dass unser modernes Müllsystem nicht in der Ratio, sondern im Ritual begründet liegen könnte. Die Bewegungen, die ich dort mit klappernden Deckeln, scheppernden Flaschen und von einer Tonne zur anderen hüpfend aufführte, um die Grünen Punkte ordnungsgemäß zu verteilen, schienen mir plötzlich wie eine Art schamanistischer Tanz. Ein Beschwörungsritual für die Müllgötter, auf dass ihr lawinenartiges Chaos uns verschonen möge.

Tatsächlich sind wir braven Getrenntsammler ja eigentlich nichts anderes als eine Glaubensgemeinschaft; was uns eint bei unseren Fruchtbarkeitstänzen vor den Abfallcontainern, ist der Glaube an eine ewige Wiederkehr. Die Grundidee des modernen Recyclings basiert auf der uralten Lehre der Reinkarnation, nur dass es jetzt nicht mehr die Seele ist, die zyklisch wiederkehrt, sondern die Materie selbst, die sich in einem rest- und rastlosen Kreislauf immer wieder erneuern soll. Ohne den Glauben, dass all der gepunktete Abfall auf magische Weise wiederkehrt, wäre unserem fröhlichen Konsumentendasein – das ja im Kern nichts anderes darstellt als die stetige Verwandlung wertvoller Wirtschaftsgüter in Müll – die Stimmung nachhaltig verhagelt. Als Opium für das Umweltbewusstsein markiert die Religion des Grünen Punkts das letzte Gefecht der Ex- und Hopp-Gesellschaft, eine massenhafte symbolische Drohung gegen die wachsende Einsicht in das böse Karma unserer Müllrituale: die Tatsache, dass wir feste dabei sind, den Planeten in eine einzige Müllkippe zu verwandeln. Mit Ökologie und Ökonomie ist diesem Phänomen nicht beizukommen. Der Grüne Punkt, keine Frage, ist ein Fall für Theologen und Psychiater.

46. Planetarisches Scheitern – Leben mit der Katastrophe

Dass Asterix und seine Gallier kein Scheitern kennen und dank ihres druidischen Zaubertranks vor nichts anderem Angst haben, als dass ihnen der Himmel auf den Kopf fallen könnte, hat einen guten Grund. Noch 1790 hatte die Französische Akademie der Wissenschaften vom Himmel fallende Steine für »physikalisch unmöglich« und Bauern, die auf einem Meteoritenbefall ihres Ackers beharrten, für verrückt erklärt. Erst als in der Nacht zum 26. April 1803 über dem Dörfchen L'Aigle ein Schauer von über 2000 kosmischen Gesteinsbrocken niederging, sah sich die hochmögende Academie Française gezwungen, ihren unter anderem durch den großen Chemiker Antoine Laurent de Lavoisier vertretenen Humbug (»am Himmel gibt es keine Steine«) als eben solchen zu entlarven. In den europäischen Museen finden sich deshalb heute kaum Meteoritenfunde aus der Zeit vor 1790, sie waren als Relikte einer abergläubischen Vorzeit einfach in die Feldraine geworfen worden. Dabei ist die Angst der Menschen, dass ihnen der Himmel auf den Kopf fallen könnte, das genaue Gegenteil eines Aberglaubens und die vielleicht elementarste Lebensangst auf diesem Planeten.

Doch erst seit Anfang der 1980er Jahre, als der Physiknobelpreisträger Luis W. Alvarez und sein Sohn Walter, ein Geologe, den Einschlag eines riesigen Asteroiden vor 65 Millionen Jahren nachweisen konnten, werden vom Himmel fallende Steine wieder ernst genommen. Sir Fred Hoyle kam in den 1990er Jahren gar zu dem Schluss: »Die gesamte Geschichte der Zivilisation hängt mit dem Erscheinen eines gigantischen periodischen Kometen zusammen, der vor ungefähr 15000 Jahren die Erde kreuzte.« Damit machte sich eine der herausragendsten Gestalten der Astrophysik zum Anwalt eines »kohärenten Katastrophismus«, wie er heute von den Astronomen Victor Clube, Bill Napier, Duncan Steel und Mark Bailey vertreten wird. Danach wurde von unserem Planetensystem vor etwa 15 000 Jahren ein gigantischer Komet eingefangen, der dabei auseinanderbrach und sich in eine Wolke aus kosmischem Staub, kleinen Kometen und Asteoriden, den so genannten Taurid-Encke-Komplex, auflöste. Alle etwa 1 600 Jahre kreuzt dieser Schauer die Umlaufbahn der Erde. Ein Frontalzusammenstoß unseres Planeten mit einem solchen Riesenkometen wäre für die Biosphäre absolut tödlich, doch die Wahrscheinlichkeit ist äußerst gering, pro Sonnenumlauf beträgt sie nach Hoyles Schätzung etwa eins zu einer Milliarde. Ein totales planetarisches Scheitern aufgrund eines kosmischen Einschlags ist demnach ziemlich unwahrscheinlich, doch weil sich der Komet in immer mehr Einzelteile aufsplittert, steigt die Gefahr, von einem dieser Bruchteile getroffen zu werden.

Möglicherweise ereignete sich ein solcher Zwischenfall – mit einem derart gewaltigen Lichtblitz, dass er bis nach England zu sehen war – in der Nacht zum 1. Juli 1908 in der Nähe des Tunguska-Flusses in Sibirien. Erst 1927 drang eine Expedition in die Gegend vor und entdeckte ein eigenartiges Zerstörungsszenarium. Es gab keinen Krater, aber die Bäume waren über mehr als 1 000 Quadratkilometer hinweg entwurzelt und verbrannt, woraus man schloss, dass der Komet in 5 bis 8 Kilometer Höhe zerplatzt und die Zerstörung durch eine gigantische Druckwelle ausgelöst worden ist. Da die Gegend unbesiedelt ist, fielen dem Einschlag nur Pflanzen und Tiere zum Opfer, Menschen hätten in weitem Umkreis nicht überlebt – noch 100 Kilometer entfernt hatte die Hitzewelle der Explosion die Kleidung eines Zeugen zum Brennen gebracht.

Die Mehrheit der Kosmologen hält Zwischenfälle wie das Tunguska-Ereignis nach wie vor für äußerst unwahrscheinlich, wenn aber Hoyle, Clube, Napier und andere recht haben, dann steigt deren Wahrscheinlichkeit beim Durchgang des Taurid-Kometenschwarms alle 1 600 Jahre dramatisch an.

Schon seit etwa 10700 v.Chr., als ein größerer Kometenbrocken das Ende der Eiszeit einläutete, ist die Erde einem periodischen Bombardement aus dem All ausgesetzt. Um das Jahr 9100 setzten kleinere Einschläge den Wollmammuts schlagartig ein Ende: Die damit einhergehende Hitzewelle taute den Permafrostboden, auf dem sie lebten, für einige Stunden auf, und der sofort wieder einsetzende »kosmische Winter« – das Verdunkeln der Sonne durch den Explosionsstaub – sorgte für die Schockgefrierung der eingesunkenen und ertrunkenen Herden. Um 7500 v. Chr. besiegelte ein weiterer größerer Einschlag das Ende der Eiszeit und löste vermutlich jenes Ereignis aus, das in den späteren Aufzeichnungen der Menschheit als Sintflut beschrieben ist. Weitere 1 600 Jahre später entdeckten die Menschen nach der Hitzewelle eines Einschlags die natürliche Metallschmelze, was ab 4300 v.Chr. zur Nutzung von Metallen führte. Das nächste Eintreffen des Kometenschwarms hatte um 2700 v.Chr. den Zerfall der ägyptischen Dynastie und den anschließenden Bau der Pyramiden zur Folge – als Bollwerk gegen die Schockwelle von tunguska-ähnlichen Himmelskörpern: Bunkergrab der Pharaonen. Weitere 1 600 Jahre später löste ein weiterer Kometeneinschlag die im Buch *Exodus* beschriebenen Plagen und Wunder aus, und vieles spricht dafür, dass auch das, was wir das »dunkle Mittelalter« nennen, ebenfalls von einer kosmischen Katastrophe heimgesucht wurde.

Die genaue Chronologie der katastrophischen Zivilisationsgeschichte ist bisher noch nicht geschrieben worden, ebenso wenig wie eine psychohistorische »Geologie des Ich« (Gottfried Benn), die Kartographie einer von den Erschütterungen der Erde geprägten Seele. Einzutragen wären auf dieser Karte die erdgeschichtlichen Schockwellen, die das Bewusstsein der Erdbewohner in den letzten 12 000 Jahren aufgewühlt und verunsichert haben, sowie die neuen Denk- und Handlungsmuster, die dieses unterbrochene Gleichgewicht plötzlich hervorbrachte. Ebenso wäre auf dieser Karte zu zeigen, wie sich die strengen Mobilmachungsmaßnahmen in der unmittelbaren Folge einer solchen Katastrophe – Priester-Königtum, Menschenopfer, Tieropfer, Monotheismus – langsam wieder abschliffen und wie in den Perioden eines nunmehr friedlichen Himmels das Bewusstsein zu Erkenntnisfortschritten und Durchbrüchen kam.

Irgendwann in einer solchen Phase Anfang des 1. Jahrtausends v.Chr. wurde von den wachesten Köpfen im Vorderen Orient sowie im asiatischen Raum die Prozesshaftigkeit der Natur (wieder-) entdeckt, die Tatsache, dass Werden und Vergehen, Leben und Tod, Evolution und Desaster sich nicht allmählich vollziehen, sondern augenblicklich und ununterbrochen. »Alles fließt und nichts dauert«, erkannte Heraklit, und Buddha entwickelte auf Basis derselben Erkenntnis das erste System, das die infantilen Götter – Projektionen und Messiaserwartungen – überwand. Das buddhistische Denken integrierte die Apokalypse in ein grundsätzlich als leidhaft erkanntes Naturgeschehen und entlarvte sie zugleich als *maya*, als Täuschung, als ein für den menschlichen Sinnesapparat veranstaltetes Theater des Materiellen, das durch das Öffnen neuer Bewusstseinsschaltkreise durchschaut und überwunden werden kann, in einer Lebenshaltung der ständigen Gegenwärtigkeit, des ständigen Seins und Nicht-Seins, des Hier und Jetzt.

Neben den klimatischen, ozeanischen und geologischen Folgeerscheinungen planetarischer Katastrophen und ihren Auswirkungen auf das Bioüberleben wären auf dieser Evolutionskarte auch die Phasen der Verdunkelungen und Überflutungen der Seelen zu verzeichnen sowie die jeweiligen Aufklärungsbewegungen, die als Flut- und Feuerwehr den Verstand wieder mobil machen für den Wiederaufbau. Es müsste nicht nur gezeigt werden, wie die kooperativen, weiblichen, »weichen« Kulturen der vorsintflutlichen Zeit durch harte, patriarchale, kriegerische Systeme abgelöst wurden, sondern auch, wie die Macht der Gewohnheit (und die Lust an der Macht) dafür sorgte, dass die emotionalen Panzerungen – auch wenn der Himmel sich längst wieder beruhigt hatte – noch über Jahrhunderte beibehalten wurden. Eine solche Geo-Psychoanalytik würde Menschheits- und Naturgeschichte wieder als Einheit auffassen und ihre Erforschung in einer Interdisziplinarität von Paläontologie und Tiefenpsychologie, Astrophysik und Psychonautik betreiben. Sie wäre in der Lage, künftige Kurzschlüsse (Panikreaktionen, Katastrophensimulationen, Atombomben) zu vermeiden, indem sie die archaischen Kriechströme identifiziert und ableitet – und uns so wieder die Antwort darauf finden lässt, was sicheres Leben auf einem unsicheren Planeten bedeutet.

Wir sind »Kinder der Katastrophe«, und der Notfall des planetarischen Scheiterns hat diese Urangst tief in unsere Gehirne eingeprägt. Selbst mit den besten bewusstseinserweiternden Zaubertränken lässt sich die Furcht, dass uns der Himmel auf den Kopf fallen könnte, nicht überwinden. Ansonsten aber gilt es, sich an die Helden Asterix und Obelix zu halten: keine Angst vor dem Scheitern zu haben, weil es auf diesem Planeten einfach dazugehört.

47. Die Schule des Scheiterns – »Man versteht das Leben nur rückwärts, aber leben muss man es vorwärts«

Søren Kierkegaard brachte mit folgender Bemerkung eine der wesentlichen Ursachen für die Unausweichlichkeit des Scheiterns auf den Punkt: »Man versteht das Leben nur rückwärts, aber leben muss man es vorwärts.« Unsere Lage gleicht insofern einem Autofahrer, der die Strecke nicht durch die Frontscheibe, sondern erst im Rückspiegel erkennt, eine Art Blindflug also, bei dem Unfälle unvermeidlich sind. Kaum jemand würde sich freiwillig auf eine solche Höllenfahrt begeben, aber wir hatten keine Wahl, wir wurden von unseren Eltern völlig ungefragt ans Steuer gesetzt. Wären wir vorher zu einer Entscheidung aufgefordert worden, hätten wir die Reise spätestens bei der Erläuterung, dass man auf dem Schiff des Lebens im Blindflug voran muss, aber alles erst im Nachhinein versteht, mit einem klaren »Nein, danke« storniert. Aber dazu gab es keine Gelegenheit.

Wir haben es versäumt, rechtzeitig eine Reiserücktrittsversicherung abzuschließen. Das sagen zumindest die Buddhisten, für die die Erde mit all ihrem Gewusel bekanntlich ja nichts anderes darstellt, als eine gigantische Schule des Scheiterns. Die Hauptfächer in dieser Schule heißen »Gier und Sucht«, »Neid und Missgunst«, »Dummheit und Eitelkeit«, und wer nach Abschluss seiner Lebenszeit das Klassenziel in einem dieser Hauptfächer nicht erreicht, bleibt automatisch sitzen – und wird für eine weitere Runde reinkarniert: zum »Nachsitzen« in einer Situation der Knappheit und des Mangels, der Ungleichheit und Ungerechtigkeit, der Illusion und Verblendung. In einer Welt des Überflusses die Gier abzustellen, ist keine große Kunst, erst der Mangel kitzelt sie richtig heraus; erst die ungleiche Verteilung der Güter provoziert den

Neid, nur auf einem wahren Jahrmarkt der Eitelkeiten lässt sich die Dummheit überwinden.

Das ganze Elend der Welt, alle unsere Ängste und Nöte und all die Permanenz des Hauens, Stechens, Geiferns und Giftens, des Schacherns und Betrügens, der Lüge und des Verrats – all das wäre somit nichts anderes als eine interdisziplinäre Lehrveranstaltung, ein edukatives Schauspiel, in dem wir Lehrer und Schüler zugleich sind, selbstbewusste Akteure ebenso wie fremdbestimmte Marionetten. Erst wenn die Seele das Klassenziel erreicht und Gier, Neid und Dummheit überwunden hat, wird sie erlöst und bleibt davor verschont, wiedergeboren zu werden; bis dahin freilich hat sie keine Ruh und wird jedesmal und gnadenlos wieder hineingeworfen in das Rad des Lebens. Manche buddhistische Mönche vermeiden es deshalb, noch dem kleinsten Insekt irgendein Leid anzutun – es könnte ja eine gescheiterte und zu diesem Dasein verdonnerte Seele darin stecken.

Das Leben ist insofern nicht nur eine Schule des *Scheiterns*, in der es gilt, Mitleid, Liebe und Gelassenheit zu entwickeln, es ist auf dem Hintergrund der Reinkarnationslehre auch eine Schule der *Gescheiterten*, denn es werden hier ausschließlich (im vorigen Leben) Gescheiterte angenommen. Die Lebensweisheit »Nobody is perfect« bekommt in diesem Zusammenhang eine noch tiefere Bedeutung im Sinne von »Everybody is imperfect«, denn wären wir nicht schon absolut und abgrundtief Gescheiterte, wären wir hienieden gar nicht anwesend. Insofern wundert es auch nicht, dass als die Klassenbesten nicht die Erfolgreichen gelten, die es zu Status, Ansehen und Macht gebracht haben, sondern, wie Jesus sagt, die »Mühseligen und Beladenen«. »Eher geht ein Kamel durch ein Nadelöhr als ein Reicher in den Himmel« – bei diesem Bibelwort handelt es sich zwar um einen Übersetzungsfehler, denn das griechische *camelos* ist kein Kamel, sondern vielmehr ein schweres (aus Cannabis oder Hanf hergestelltes) Tau, doch weil eben ein dickes Hanfseil nicht durch ein Nadelöhr passt, stimmt das Bild und gibt einen deutlichen Hinweis, dass die Reifeprüfung in der Schule des Scheiterns nicht im Erwerb materiellen Reichtums besteht. Insofern überrascht es auch nicht, dass viele Reiche gegen Ende ihres Lebens oft nichts Dringenderes zu tun haben, als ihre Schätze mit Schenkungen und Stiftungen wieder loszuwerden.

Die Vorstellung, dass all das Leid auf der Erde einen Sinn hat, nämlich den, gescheiterte Seelen auszubilden, ist ebenso tröstlich wie deprimierend. Sie ist kein naives Paradiesversprechen wie das der zwölf Jungfrauen, die den Selbstmordattentäter nach seinem Tod im Heiligen Krieg angeblich im Jenseits erwarten – jeder Selbstmord, gleich aus welchem Grund, ist angesichts der Wiedergeburt ohnehin nur ein Umweg –, und auch kein religiöses Opiat, mit dem man den Schmerz am eigenen oder fremden Leid betäuben könnte. Aus der Schule des Scheiterns kann niemand flüchten, auch wer sich aus Verzweiflung vor den nächsten Zug wirft oder sich systematisch das Hirn wegsäuft, entkommt ihr nicht.

Verzweifeln ist also keine Lösung, genauso wenig wie Erfolg und Reichtum. Weil der Hersteller der menschlichen Gehirne vergessen hat, eine Betriebsanleitung beizulegen, tappen wir, was die Lösung betrifft, einigermaßen im Dunkeln. Die großen Weisen der Menschheit – Moses, Buddha, Jesus, Mohammed – sind sich allerdings völlig einig, was in der Schule des Scheiterns, die wir Leben nennen, gelernt werden muss: Die Lektion heißt Liebe.

48. Lasset uns beten! Wenn Aspirin scheitert, hilft ein Ave Maria

Wenn der Papst angesichts von Krieg und Leid urbi et orbi zum Gebet auffordert, bleibt dem aufgeklärten Zuschauer meist nur ein Kopfschütteln. Sich angesichts des herrschenden Elends in der Welt auf das Murmeln von Gebeten zurückzuziehen, statt aktiv, praktisch und politisch Maßnahmen zur Linderung und Abschaffung dieses Elends zu ergreifen – diese Haltung mutet im günstigen Falle wie weltferne Naivität an, ansonsten aber, wo Empfängnisverhütung praktisch verboten ist und dann zum Gebet für hungernde Kinder aufgerufen wird, wie blanker Zynismus. Und doch ist es so einfach nicht, scheinbar bigotten Betbrüdern und -schwestern moralisch einen Strick zu drehen, denn: Gebete *sind* wirksam. Ja, sie sind vielleicht sogar effektiver als alle weltlich-praktischen Methoden.

Um die Wirksamkeit von Gebeten zu messen, führte der Arzt Randolph Bird 1985 an einem Krankenhaus in San Francisco eine Studie durch. Von 393 Patienten, die an einer Verengung der Herzkranzgefäße litten, legte er Krankenblätter mit Namen, Diagnose und Allgemeinzustand an. Davon wurde die Hälfte an christliche Glaubensheiler in ganz Amerika verschickt, mit der Bitte, zehn Monate lang täglich dafür zu beten, dass dieser Patient genese, von Komplikationen oder gar dem Tod verschont bleibe.

Weder den Patienten noch Bird war bekannt, wen das Los getroffen hatte – beide Gruppen waren nach Durchschnittsalter und Schwere der Krankheit vergleichbar zusammengesetzt. Und siehe da, den Patienten, für die gebetet wurde, ging es deutlich besser: Nur bei dreien mussten Antibiotika eingesetzt werden (gegenüber 16 in der Kontrollgruppe), nur bei sechs der zusätzlich fernbehandelten Patienten kam es zu einem Lungenödem (gegenüber 18), nur bei dreien (gegenüber zwölf) setzte die Herz-Lungen-Tätigkeit kurzzeitig aus, und während zwölf Patienten der Kontrollgruppe künstlich beatmet wurden, kam die Gruppe der ins Gebet Eingeschlossenen völlig ohne Atemhilfe aus.

Dass so etwas wie die Kraft des Gebets, eine Fernwirkung positiver, mitfühlender Gedanken, existiert, erbrachte auch eine Studie in England, die 130 Tests und Experimente zu »geistigem Heilen«, darunter auch Birds Experiment, auswertete und zu dem Schluss kam, dass etwa die Hälfte davon auf »paranormale« Wirkungen deutet. Für die Zitadelle der materialistischen Wissenschaft ist dies freilich kein Grund, ihre Dogmen in Frage zu stellen. Im Gegenteil: Als vor etlichen Jahren der Biologe Rupert Sheldrake seine Untersuchung über »morphische Resonanz«, die fernwirksame Informationsübertragung unter den Angehörigen einer Spezies, veröffentlichte, empfahl das meinungsführende Fachblatt *Nature* ihn als »besten Kandidaten für eine Bücherverbrennung«.

Sheldrake hatte seine Hypothese an Experimenten festgemacht, bei denen Versuchstiere sich in einem bestimmten Labyrinth zurechtfinden mussten. Wenn dies zum Beispiel eine Gruppe Ratten gelernt hatte, lernten es fortan andere Ratten – in anderen Labors und anderen Ländern – sehr viel schneller. Ähnliche Phänomene hatte Sheldrake auch bei der Herstellung von Kristallen beobachtet, die sich, einmal in einem Labor hergestellt, danach überall auf der Welt leichter herstellen ließen. Obwohl die einzige Erklärung dafür war, dass reisende Kristallchemiker die Partikel in aller Welt verteilt haben müssten, wurden fundamentalistische »Skeptiker« seitdem nicht müde, Thesen wie die »morphische Resonanz« als New-Age-Humbug abzutun und vor der Wiederkehr irrationalen Aberglaubens zu warnen. Nach den neueren Befunden in Sachen Gebet hat allerdings als Irrationalist und Abergläubischer künftig zu gelten, wer die noch unerklärte, aber faktische Wirkung des Betens leugnet. Buddha, Jesus, Mohammed und John Lennon hatten Recht: »All we need is love.«

Wir wollen nicht verschweigen, dass es auch etliche Studien gibt, die eine Wirkung von Gebeten nicht feststellen konnten – aber selbst wenn diese Art liebevoller Fernmedizin nicht immer funktioniert, so ist doch eine Quote von 50 Prozent, verglichen mit den üblichen Medikamenten, alles andere als schlecht. Zumal weder schädliche Nebenwirkungen noch irgendwelche Kosten zu Buche schlagen.

Für alle Kranken und Gescheiterten ist das eine hervorragende Nachricht. Krank zu werden oder anderweitig auf die Schnauze zu fallen, mag unvermeidlich sein, aber beim Wiederaufstehen hilft nicht nur ein Aspirin, sondern auch ein »Ave Maria«.

49. Letzte Hilfe – »Solange nicht an jeder Ecke öffentlich gestorben wird, gibt es keinen geistigen Fortschritt«

Der Endpunkt allen Scheiterns ist der Tod, um den auch der permanent Erfolgreiche nicht herumkommt, und doch steht unsere Gesellschaft dem Sterben völlig rat- und hilflos gegenüber. Der Sterbende wird von seinen Angehörigen einer sterilen Dienstleistungsmaschinerie überantwortet und »entsorgt« – unpersönlich, diskret, reibungslos. Diese Art des Umgangs mit dem Tod ist nur konsequent, denn unsere Zivilisation versteht es meisterhaft, den Tod zu tabuisieren. Allenfalls an juristischen Fragen, zum Beispiel an der »Lebenshilfe« durch die Apparatemedizin oder der »Sterbehilfe« durch Zyankali, entzünden sich bisweilen Debatten, doch auch dort geht es nicht um eine Beschäftigung mit dem Tod, sondern um die Pflicht zur Verlängerung beziehungsweise das Recht zur Verkürzung des Lebens.

»Solange nicht an jeder Ecke öffentlich gestorben wird, gibt es keinen geistigen Fortschritt«, sagte Wolfgang Neuss, der zu Hause im Sitzen starb. Solange der Tod ein Unthema bleibt und eine Kunst zu sterben nicht existiert, ist jede Kunst zu leben zum Scheitern verurteilt. Der Todestrip der planetarischen Zivilisation – die maßlose Anhäufung und Verwendung tödlicher Waffen und die radikalen ökologischen Verwüstungen – rühren im Kern aus nichts anderem als aus der permanenten Verdrängung der eigenen Vergänglichkeit. In der »Tagesschau«, die eine Todesschau der Kriege und Katastrophen ist, kehrt das Verdrängte wieder, als Paradox: Je weniger wir bereit sind, uns den eigenen Tod vor Augen zu halten, desto allgegenwärtiger wird er – an jeder Ecke und auf jedem TV-Kanal.

Wie stirbt man »richtig«? Kann man das Sterben mitten im Leben lernen und dadurch die Angst vor dem Tod verlieren?

Bezeichnen Tod und Geburt denselben Vorgang von zwei entgegengesetzten Seiten her wie Eingang und Ausgang dieselbe Tür? Warum behaupten viele vom klinischen Tod Zurückgekehrte, dass Sterben nicht der erwartete Horror, sondern etwas wunderbar Angenehmes ist? Wo wendet man sich hin mit grundsätzlichen und praktischen Fragen des Sterbens, des Übergangs, des Todes?

Sterbeläden oder Todesbüros werden dringend gebraucht, als lebensrettende Maßnahme; Einrichtungen, in denen Informationen und Rat über das Sterben angeboten werden, jenseits von bestattungstechnischer Entsorgung, versicherungsmathematischer Rentenberechnung oder simplem Selbstmord-Consulting, jenseits von Eso-Terror und allein selig machenden Religionen, stattdessen dogmen- und sektenübergreifend, höchst spirituell und ganz praktisch – eine Art letzte Hilfe. Sterbeberatung für mehr Lebensfreude. Schließlich wäre es ja der größte Witz überhaupt, wenn die vielen Berichte von den Nahtoderlebnissen den Tatsachen entsprächen und das, was wir als biologische Wesen für das definitive Scheitern schlechthin halten – den Tod –, in Wahrheit eine äußerst angenehme Angelegenheit wäre.

Nachwort

Mit einem Buch über das Scheitern kann ein Autor nur scheitern, denn das Thema ist zu umfassend, das Scheitern zu universell, als dass es in einem Band auch nur ansatzweise erfasst werden könnte.

Es gehörte die Geschichte der Tragödie dazu wie die der Depression und des Suizids; es gehörten alle Unfälle dazu, jedes technische Versagen und jede Ehescheidung, alle Insolvenzen und Arbeitsplatzverluste, jeder körperliche Zusammenbruch ebenso wie nationale Desaster und globale Katastrophen. Es wäre über die Genealogie des Größenwahns und die Historie der Hybris ebenso zu reden wie über Ängste und Kontrollverlust, über Sucht und Gier, Eitelkeit und Ungeduld; über die Halluzination ewigen Wachstums und die Unausweichlichkeit des Niedergangs, über das Scheitern als systemimmanente Spielregel und über die Erde als Schule reinkarnierter Seelen; über die Relativität des Scheiterns und die Abhängigkeit von seinem Gegenpol, dem Erfolg; über den Zeitpfeil, der mit der Geburt jedes Lebewesens unaufhaltsam in die Richtung des absoluten Scheiterns, des Todes, fliegt; und über die Frage, ob in der notwendigen Verdrängung dieser Unausweichlichkeit der Grund liegt, warum so laut und dauernd von Erfolg die Rede ist, selbst wenn er gar nicht eingetreten – und so selten vom Scheitern, obwohl es unübersehbar ist.

Große Gescheiterte und tragische Heldinnen könnten ganze Lexikonreihen füllen und müssen hier ebenso ausgespart bleiben wie der Verlierer von nebenan und das von der Marktwirtschaft aussortierte Prekariat. Immerhin: Verglichen mit dem Leid, das Hunger und Kriege in weiten Teilen der Welt tagtäglich anrichten, hätten noch die hiesigen Hartz-IV-Empfänger als glückliche Überlebende allen Grund für permanente Partystimmung.

> »Natur! Wir sind von ihr umgeben und umschlungen – unvermögend aus ihr herauszutreten, und unvermögend tiefer in sie hineinzukommen. Ungebeten und ungewarnt nimmt sie uns in den Kreislauf ihres Tanzes auf und treibt sich mit uns fort, bis wir ermüdet sind und ihrem Arme entfallen. Sie schafft ewig neue Gestalten; was da ist, war noch nie, was war, kommt nicht wieder – alles ist neu, und doch immer das Alte. … Ihr Schauspiel ist immer neu, weil sie immer neue Zuschauer schafft. Leben ist ihre schönste Erfindung, und der Tod ist ihr Kunstgriff, viel Leben zu haben.«

Wenn wir diesen Gedanken Goethes folgen, wäre das Scheitern nur ein Trick, ein Kunstgriff der überindividuellen Natur, ihre schönste Erfindung – Leben – in Gang zu halten und zu bereichern. Und tatsächlich zeigen die seit den 1970er Jahren erforschten Prinzipien der Selbstorganisation, dass Ungleichgewichte und Zusammenbrüche – Chaos – keine totale Unordnung, sondern neue Ordnungsstrukturen erschaffen. Der Wissenschaftler Ilya Prigogine erhielt dafür 1977 den Nobelpreis für Chemie, doch eigentlich hätte ihm der Nobelpreis für Optimismus gebührt. Denn diese chaotischen Systeme, die er »dissipative Strukturen« nannte, laufen einem äußerst unangenehmen Gesetz, dem Zweiten Hauptsatz der Thermodynamik, zuwider, dem zufolge alle Dinge wachsender Unordnung zustreben und das Universum irgendwann zwangsläufig im Wärmetod endet. Diese Tendenz wird wissenschaftlich »Entropie« genannt und ist auch den meisten Laien bekannt: als Murphys Gesetz, dessen universelle Geltung wir an zahlreichen Beispielen demonstriert haben. Prigogine indessen hat nachgewiesen, dass dieses fundamentale Gesetz von offenen, stoffwechselnden Systemen unterlaufen werden kann: Sie nutzen das Ungleichgewicht, um sich neu zu organisieren. Nicht in starren geordneten Strukturen blüht das Leben und werden Innovationen geschaffen, sondern in offenen Systemen, die ins Ungleichgewicht bis an den Rand des Chaos geraten.

Unter dieser naturwissenschaftlichen Perspektive betrachtet ist das Scheitern nicht etwas, das es unter allen Umständen zu vermeiden gilt, sondern im Gegenteil das notwendige Medium neuer Ordnungszustände, der Katalysator des Erfolgs. Und das gilt nicht nur für Chemikalien, Schleimpilze oder Bakterien, es gilt auch für jene domestizierte Primatenart, die wir »Homo sapiens« nennen – selbst wenn sie sich nur zu oft und immer wieder als Homo stultus herausstellt. Die Dummheit, als eine der Hauptursachen für das Scheitern, gehört in dieser Funktion einfach dazu, und aus eben diesem Grund hat der Hersteller des menschlichen Gehirns wohl auch keine Gebrauchsanweisung beigelegt, mit der sich Fehler des mentalen Betriebssystems einfach beseitigen ließen. Deshalb ist von Anbeginn der Menschheit das Immergleiche zu beobachten – kaum wird der Denkapparat eingeschaltet, knallt's: cogito ergo bum.

Den Schock, den einst Charles Darwin seinen Zeitgenossen verpasste, als er den Affen als direkten Vorfahren und nächsten Verwandten des Menschen etablierte, haben wir mittlerweile weitgehend verkraftet. Abgesehen von einigen durchgeknallten Kreationisten, nach deren Lehre das Leben auf der Erde erst vor wenigen tausend Jahren vom lieben Gott persönlich installiert wurde, hat sich der gesunde Menschenverstand mit der Tatsache abgefunden, mit dem Schimpansen zu 99 Prozent identisch zu sein. Das hat der mittlerweile entschlüsselte genetische Bauplan des Menschen gezeigt, wobei immer noch nicht ganz klar ist, wie der kleine, entscheidende Unterschied zu solch großen Differenzen führen konnte.

Ein kleiner Schock war freilich, als ich vor einiger Zeit eine Aussage von Robert May, Chefwissenschaftler des britischen Genom-Projekts, zur Kenntnis nehmen musste: »Wir teilen die Hälfte unserer Gene mit der Banane.« Oberschlaue wussten das vielleicht schon längst, und abstrakt ist ja auch halbwegs nachvollziehbar, dass alles Leben aus einer vor Milliarden Jahren angeköchelten Ursuppe stammt und insofern, weil aus einem Topf, irgendwie miteinander verwandt sein muss. Aber so ganz konkret, zu 50 Prozent Banane – das fand ich schon einen Hammer, von den ontologischen und transzendental-philosophischen Folgeproblemen mal ganz abgesehen. »Sag zu Chiquita nie Banane« – die Werbetexter, die diese Parole in die Welt setzten, wussten gar nicht, wie Recht sie hatten. Eine Banane ist tatsächlich ein halber Mensch – womit mir meine Lieblingsantwort auf die Frage, warum ich Vegetarier bin (»nicht weil ich Tiere liebe, sondern weil ich Pflanzen hasse«), künftig halb im Halse stecken bleibt: Zerdrücken wir fürs Müsli quasi Halbmenschen? Verzeihlich wäre das insofern, als es sich bei uns dann eben schlicht um dumpfe Halbbananen handelt, was nebenbei auch noch diverse andere unerklärliche Phänomene erklären könnte, vor allem eben die Unausweichlichkeit des Scheiterns. Gleichzeitig ist die Vorstellung ungemein tröstlich und mahnt uns zu allergrößter Toleranz, denn was kann man halben Bananen schon wirklich übelnehmen? Zumal wenn sie bei all ihrer bananenhaften Dumpfheit gleichzeitig so Wunderbares hervorbringen wie die Musik von Bach, die Kathedralen der Gotik oder die Technologie des Internets.

Sich der Unausweichlichkeit des Scheiterns bewusst zu werden heißt nicht, in Resignation und Gleichmut zu verfallen, sondern dem zu entgehen, was der Autor und Unternehmer Alexander Dill in seinem gleichnamigen Buch als »die Erfolgsfalle« beschrieben hat. Für ihn ist die Jagd nach Erfolg ein »krankes Leitbild, das noch mehr Unheil anrichten wird, weil insbesondere der materielle Erfolg immer unwahrscheinlicher wird. Nach den gängigen Kriterien verfehlen schon heute 95,3 Prozent der Menschen in unserer Gesellschaft das materielle Erfolgsziel – sie gehören nicht zu den Reichen und Mächtigen. Und das wird sich, weil das Wachstum nicht unendlich in die Höhe schießen kann, noch zuspitzen. Wer Erfolg nur im materiellen Vergleich mit anderen sieht, hat eine sehr hohe Chance, zu scheitern.« Erfolg lässt sich nicht herstellen: »Wir können Erfolg ›haben‹, weil er plötzlich auftaucht. Willkürlich. Zufällig. Was wir nicht können, ist Erfolg machen oder gar vervielfältigen. Wenn der Erfolg bei uns nicht zu Gast ist, haben wir nichts falsch gemacht. Er kommt einfach nur zu selten. Und wenn er doch kommt, entstehen die kleinen Wundergeschichten der Erfolgsreligionen, in deren Mittelpunkt eine einfache Beschwörungsformel steht: ›Erfolgreich ist, wer an den Erfolg glaubt!‹« Dies aber, so Dill ohne Umschweife, ist nichts anderes als »Quatsch!«. Statt diesem Phantom hinterher zu jagen und von künftigen Erfolgen zu träumen, rät er, sich der Gegenwart zuzuwenden und die Dinge so zu nehmen, wie sie sind: »Realität braucht kein Erfolgsrezept.«

Das sind zwar schlechte Nachrichten für die Verkäufer solcher Rezepte, die Branche der Berater, Trainer und Hypnotiseure, doch sie werden kaum dazu führen, dass ihre Heilslehren aus den Bestsellerlisten verschwinden und die Bilanzen der Unternehmen von horrenden Honorarrechnungen entlastet werden. Dass Erfolg machbar ist und Scheitern verhinderbar, diese frohe Botschaft wird die Kassen weiter klingeln lassen und die Säle der Motivationstrainer und Erfolgsprediger füllen. Und haben nicht wirklich schon Lahme wieder gehen und Blinde wieder sehen gelernt allein durch die Kraft des Wortes, hat nicht der Placeboeffekt – der feste Glaube an die Wirksamkeit eines Mittels – allein mit der Kraft der (Auto-)Suggestion schwere Krankheiten verschwinden lassen? In der Tat, Wunder gibt es immer wieder, und sie geschehen, wie schon der Scholastiker Augustinus wusste, »nicht im Gegensatz zur Natur, sondern im Gegensatz zu dem, was wir von der Natur wissen«.

Und ähnlich verhält es sich auch mit dem Erfolg: Er tritt ein oder auch nicht, im Gegensatz zu unserem Wissen und unseren Konzepten. Zur richtigen Zeit am richtigen Ort zu sein, im entscheidenden Moment den passenden Einfall zu haben, intuitiv das Richtige zu tun – es sind letztlich solche Zufälle, und nicht systematische Planung, die zum Erfolg führen. Oder die auch, wenn sie zu plötzlich eintreten, zu dem wohlbekannten Phänomen des Scheiterns am Erfolg führen, von den durch die unerwarteten Millionen ins Unglück gestürzten Lottogewinnern bis zu den am Ruhm zerbrochenen Stars. Jeder Mensch wünscht sich zwar, glücklich und erfolgreich zu sein, doch Erfolge zu verdauen, ist mindestens so schwer, wie Niederlagen wegzustecken und nach dem Scheitern wieder aufzustehen. Deshalb kann die folgende Handlungsanleitung (»So geht's«), die das Wirtschaftsmagazin *brandeins* in einem Heft zum Thema »Erfolg« veröffentlichte, nicht nur für das Streben nach Glück gelten, sondern auch für das Leben angesichts der Unausweichlichkeit des Scheiterns:

»Nach den Sternen greifen.
Auf dem Boden bleiben.
Nicht zögern.
Geduldig sein.
Glauben.
Zweifeln.
Sein Ding machen.
Rat suchen.
Ja sagen.
Nein sagen.«

Für eine soziale Wirtschaft

Heiner Flassbeck, ehemaliger Staatssekretär im Bundesfinanzministerium unter Oskar Lafontaine, plädiert für eine sozialere Wirtschaftspolitik in Zeiten neoliberaler Deutungshoheit. Ob Sozialabbau, Arbeitszeitverlängerung, Renten- und Gesundheitsreform – Heiner Flassbeck enttarnt die falsche Logik und benennt die verkehrten Prämissen der aktuellen wirtschaftspolitischen Debatten. Anhand 50 konkreter Beispiele zeigt er, dass es sehr wohl Alternativen und Wege abseits des Neoliberalismus gibt, um das Modell Sozialstaat wieder zum Erfolg zu führen.

Heiner Flassbeck
50 einfache Dinge, die Sie über unsere Wirtschaft wissen sollten
Westend Verlag, 2. Auflage 2006
176 Seiten, 17,90 Euro/33,00 sFr
ISBN 3-938060-08-5
www.westendverlag.de

Rettet den Wald!

Angesichts des Klimawandels und gefluteter Städte wird offenkundig, wie wichtig die Wasserspeicherkraft naturnaher Wälder ist. Doch diese notwendigen Wälder wachsen nicht nach, weil es die hocheffektive Lobby einer winzigen Minderheit – der »waidgerechten Jäger« – schafft, ihre Belange durchzusetzen. Statt Wald vor Wild gilt Wild vor Wald. Aus dem scheuen Reh ist längst ein Massentier geworden und aus dem Wald ein artenarmer Holzacker. Der Förster Georg Meister kämpft seit über 50 Jahren mutig und konsequent gegen diese Fehlentwicklung. In seinem Revier hat er beispielhaft gezeigt, wie naturnahe Wälder nachwachsen können – und machte sich dadurch viele Feinde.

Claus-Peter Lieckfeld
Tatort Wald. Von einem, der auszog, den Forst zu retten
Westend Verlag 2006
248 Seiten, 32 Abbildungen
19,90 Euro/36,00 sFr
ISBN 978-3-938060-11-7
www.westendverlag.de

Wie Frauen wirklich ticken

Frauen putzen sich heraus, zwängen sich in unbequeme Kleidung und legen sich unters Messer, um attraktiver zu sein. »Ich mach's nur für mich!«, behaupten sie. Ingelore Ebberfeld zeigt das Gegenteil! Frauen tun alles, um von Männern beachtet zu werden. Getrieben vom Begehren, begehrt zu werden, machen sie sich zum Objekt der Begierde. Doch woher kommt der Antrieb dieses Verhaltens, und weshalb stehen Männer auf Busen, Beine und Po? Kenntnisreich und humorvoll gibt Ebberfeld Antworten. Sie liefert eine Fülle amüsanter Beispiele des weiblichen Balzverhaltens aus Gegenwart und Vergangenheit und wirft einen Blick in andere Kulturen, in Biologie und Tierwelt.

Ingelore Ebberfeld
Blondinen bevorzugt. Wie Frauen Männer verführen
Westend Verlag 2007
240 Seiten, zahlreiche Abbildungen
19,90 Euro/36,00 sFr
ISBN 978-3-938060-18-6
www.westendverlag.de